AF600053

EL SENTIDO DE
RESPONSABILIDAD
EN SOCIEDAD

TORKOM
SARAYDARIAN

TSG Foundation
tsgfoundation.org

El Sentido de Responsabilidad en Sociedad
de Torkom Saraydarian

Título Original: *The Sense of Responsability in Society*

T.S.G. Publishing Foundation, Inc.
The Creative Trust
PO Box 7068
Cave Creek, Arizona 85327 U.S.A.

Traducción al español por TSG Spanish Translation Team

Impreso en España por: *Editorial Dagón,* 2022
Web: *http://www.editorialdagon.es*
Mail: *editor@editorialdagon.es*

ISBN: 9788419540423
Deposito Legal: V-2671-2021

Esta edición en español ha sido completada gracias al generoso apoyo del Grupo TSG en Idioma Español y al Grupo de Estudios Teosóficos de Valencia (España). Expresamos nuestra profunda gratitud hacia todos aquellos que colaboraron con este proyecto.

SOBRE EL AUTOR

Torkom Saraydarian (1917-1997) nació en Asia Menor. Desde la niñez, fue entrenado en las Enseñanzas de la Sabiduría Eterna.

Visitó monasterios, templos antiguos y escuelas de misterios con el fin de encontrar las respuestas a sus preguntas sobre el misterio del hombre y el Universo.

Vivió con Sufis, derviches, místicos Cristianos y maestros de música y danzas del templo. Su educación musical incluyó el violín, piano, laúd, cello y guitarra. Le tomó largos años de disciplina y sacrificio poder absorber la Sabiduría Eterna de sus fuentes verdaderas. La meditación se convirtió en parte de su vida diaria, y el servicio, una expresión natural de su alma.

Torkom Saraydarian dedicó su vida entera al servicio de sus congéneres humanos. Sus escritos, conferencias, y música, muestran su total devoción a los principios, valores y leyes superiores que están presentes en todas las religiones y filosofías mundiales. Estos trabajos representan una síntesis de lo mejor y más bello en la cultura sagrada del mundo. Sus trabajos enriquecen el pensamiento fundacional sobre el cual el hombre puede construir su Futuro.

Torkom Saraydarian escribió un gran número de libros, muchos de los cuales han sido publicados. Todos sus libros continuarán siendo publicados y distribuidos. Algunos han sido traducidos al armenio, alemán, italiano, español, portugués, griego, holandés y danés.

Dejó un rico legado de escritos y composiciones musicales para el disfrute y beneficio de toda la humanidad por muchos años por venir.

CONTENIDO

I

EL SENTIDO DE RESPONSABILIDAD

La comprensión de la responsabilidad se debe desarrollar ilimitadamente. El espíritu, siendo un creador, asume la responsabilidad de todas sus acciones.

No temamos afrontar la responsabilidad. Somos responsables no sólo de nosotros mismos, sino del Cosmos.

Manifiesta comprensión de la responsabilidad y la belleza del Infinito[1].

Se enfatiza aquí que la vida sobre este planeta es una escuela de la que nos debemos graduar con honores. Día tras día, vida tras vida, asistimos a esta escuela, aprendemos nuestras lecciones y, o bien aprobamos las pruebas o las suspendemos. En esta larga carretera hacia la liberación o emancipación, nuestro sentido de responsabilidad crece y se convierte en el principio rector de nuestra vida. La idea de la graduación de esta escuela con honores puede cambiar nuestra vida y movilizar nuestro pensamiento, sentimientos y acciones, de tal forma, que nos preparamos a nosotros mismos para el examen final.

1. Sociedad Agni Yoga, *Infinity* II (afor. 48, segunda edición, 1957).

Hay un momento específico para la graduación. Este se puede afrontar inteligentemente si las personas desarrollan un sentido de responsabilidad y se gradúan antes de que el termine el plazo.

Digamos que, si las personas no se gradúan con honores en mil años, serán forzados por las leyes de la naturaleza a vivir en esta Tierra solamente de ocho a diez años por vez, con dolor y sufrimiento, morir y luego tendrán que retornar durante períodos más cortos para intentar graduarse de la escuela. La graduación significa que tú no necesitas ir más a clase en este planeta. La continua escolarización es el «infierno» del que muchas religiones predican.

Crisis y límites de Tiempo

Las crisis vienen a nosotros individual o colectivamente como humanidad, cuando permanecemos más tiempo en el mundo –en la escuela de la Tierra– a causa de las equivocaciones que hemos demostrado en la vida. Por ejemplo, digamos que una persona vive en una pequeña habitación que solo tiene oxígeno para que él viva veinticuatro horas, o viva en un mundo en el que sólo pueda sobrevivir durante veinticuatro billones de años. Se hace cada vez más duro vivir en esa «habitación» hasta que eventualmente llega el día que, debido al consumo de oxígeno y la contaminación del aire, es imposible vivir en ese lugar.

Si la tasa de contaminación en la Tierra continúa como lo ha estado haciendo, en quinientos años las personas vivirán vidas muy cortas y morirán con terribles enfermedades. Tal situación significa que la humanidad no ha progresado en su escolarización sobre este planeta.

Esta Tierra puede proporcionar comida, aire y agua pura durante sólo unos pocos años; después de eso, la Madre Naturaleza se secará y no podrá nutrir a Sus hijos. Si no se gradúan a clases superiores, sufrirán inmensamente y tendrán que volver a la Tierra más a menudo –para finalizar su escolarización con dolor, sufrimiento e inanición.

Mientras la humanidad continúe viviendo en este planeta de la manera como lo está haciendo, la extrema contaminación mundial es inevitable. Por ejemplo, los científicos alertan sobre la situación de la capa de ozono, aconsejando a todas las naciones a firmar un acuerdo que controle los productos químicos responsables del daño. Pero algunas naciones no están interesadas en firmar tal acuerdo porque perjudica a su economía. Y dado que daña a la economía, estas naciones ¡están dispuestas a participar en el suicidio planetario!

Además de la situación de la capa de ozono, se está incrementando otra contaminación a escala astronómica. ¿La humanidad puede graduarse de esta escuela antes de que la golpee una gran catástrofe?

Cuando las personas ven que está llegando un tornado, hacen los preparativos necesarios y se mueven para escapar. Un «tornado» va a golpear este planeta. Bienaventurados sean aquellos que, habiéndose graduado, no se verán envueltos en esa catástrofe.

El sentido de responsabilidad es uno de los principales elementos a través del que finalizas tus cursos con honores y dejas el planeta antes de que se convierta en un lugar insoportable en el cual vivir. Si ves esta imagen con claridad, te esforzarás cada vez más para liberarte y terminar esta escuela, utilizando el sentido de responsabilidad como una antorcha en tu mano, que te ofrecerá una guía en los difíciles tiempos que vendrán.

A las personas les gusta pensar que todo va muy bien y que las cosas están mejorando –al igual que lo pensaban las personas en tiempos de Noé. M.M. dice: «Antes del Diluvio, cuando los hombres se casaban, festejaban y comerciaban, Noé ya estaba seleccionando los robles más robustos para el Arca»[2]. La sociedad alrededor de Noé vivía la vida como la humanidad contemporánea, pero los Iniciados –colectivamente referidos como «Noé»– se estaban preparando para partir a otro mundo, con honores, antes del Diluvio.

El Diluvio es el símbolo de la contaminación física, moral y mental. El Arca es el cuerpo que el Iniciado construye durante su entrenamiento en esta escuela terrestre –para graduarse y partir.

Algunas personas necias piensan en suicidarse como un escape de la responsabilidad; este escape obliga a la Naturaleza a traer de regreso a la escuela a la víctima con un castigo adicional.

Tener el sentido de responsabilidad es un indicio de que la persona se está volviendo consciente del Ser. En la medida en que uno carece de consciencia del Ser, los actos le traen resultados kármicos en el plano físico. Los otros planos, como el astral o mental, no están afectados por las propias acciones inconscientes.

Cuando se incrementa la consciencia del Ser y avanza en ti, tu sentido de responsabilidad empieza a desarrollarse. Tu sentido de responsabilidad es igual al grado de tu consciencia del Ser.

El sentido de responsabilidad tiene muchos escalones en la larga escalera hacia la perfección. El primer paso que das es convertirte en un ser humano con **consciencia de personalidad**. La personalidad es el resultado de la integración de tus naturalezas física, emocional y mental para que actúen como una unidad. Pocas personas tienen este tipo

---

2. Sociedad Agni Yoga, *Hojas del Jardín de Morya* I (afor. 120, segunda edición, 1953).

de «integridad»; la mayoría viven como «casas divididas» dentro de sus propias naturalezas.

El segundo paso que das hacia la consciencia del Ser se llama **conciencia del alma**. En esta etapa sabes que eres un alma; te enfocas sobre tus naturalezas física, emocional y mental, y te mantienes desapegado de sus problemas.

Las personas pueden ser las más bonitas «radios», «televisores» o «magnetófonos». Pero en las puertas de la muerte se les despojará de las cintas o programas y no serán nada más que cajas cuadradas. No importará cuán inteligentes parecían en el pasado, cuántas conferencias dieron, o cuánto trataron de influir en la gente. En la medida en que todavía no son almas verdaderas, todo lo que tienen es artificial o cosmético.

Nuestra alma se forma cuando se alimenta de la sabiduría y el conocimiento de las eras, comienza a emanciparse de sus vehículos y se esfuerza por la independencia. El sentido de responsabilidad crece en una persona cuando prosigue la formación de su alma.

El tercer paso en el desarrollo de la consciencia del Ser se da cuando atraviesas la experiencia de la transfiguración y te conviertes en una **Individualidad**. Una Individualidad es un alma humana liberada que tiene control total sobre sus vehículos y conoce en la práctica que ella es un alma inmortal y creativa.

Los siguientes pasos implican la construcción de la **Consciencia Global, Consciencia Solar, Consciencia Galáctica** y finalmente la fase suprema de la **Consciencia Cósmica**. En cada etapa nuestro sentido de responsabilidad crece hasta que nos sentimos responsables «no sólo hacia nosotros mismos sino hacia el Cosmos».

Cuando más elevado estés en la escala de consciencia del Ser, más puro y expandido es tu sentido de autoresponsabilidad. Por ejemplo, cuando te vuelves conciente de la familia, amas a tu cónyuge e hijos, sientes sus necesidades y aspiraciones y tratas de satisfacerlas, desarrollas un sentido de responsabilidad hacia cada miembro de tu familia.

Si tu conciencia se expande al nivel de grupo y atiendes todas las aspiraciones y necesidades del grupo e intentas satisfacerlas, desarrollas un sentido de responsabilidad para cada miembro del grupo. Este proceso continúa hasta que desarrollas la Consciencia Cósmica.

Se nos dice que los Grandes Seres eligen sus discípulos de aquellos que están desarrollando el sentido de responsabilidad.

El sentido de responsabilidad es el cimiento de todos los trabajos creativos y constructivos. La señal más verdadera de una persona digna de confianza es su sentido de responsabilidad.

El conocimiento, las habilidades, talentos y dinero o posesiones de una persona, no tienen valor si la persona no tiene una base, el sentido de responsabilidad. Mi padre solía contarnos muchas historias sobre Satán. En una ocasión nos dijo que Satán sabe todo, incluso más que cualquier científico, pero le falta una cosa: el sentido de responsabilidad. Si Satán desarrolla el sentido de responsabilidad, se convertiría en una poderosa fuerza hacia la Bondad.

Hay personas que son muy listas, eficientes e inteligentes, pero todavía no tienen un sentido de responsabilidad. Estas personas normalmente se encuentran en manicomios, prisiones o están involucrados en el crimen organizado o «legal». Todas las acciones destructivas y la desunión comienzan con aquellos que carecen de sentido de responsabilidad.

M.M.[3] dice: «La comprensión de la responsabilidad se debe desarrollar ilimitadamente». Una forma de desarrollar el sentido de responsabilidad es saber que un ordenador en tu cabeza está leyendo todo lo que haces mental, emocional y físicamente, y que tu «disquete» está conectado a los ordenadores planetario, solar y galáctico. La Ley del Karma actúa de acuerdo con estos registros.

Cualidades de una persona que ha desarrollado un Sentido de Responsabilidad

1. ***Intenta hacer su trabajo de la mejor manera posible.***

Esto parece un aspecto muy simple –pero no lo es.

Las personas generalmente no intentan en todo momento, en todo lo que hacen, dar lo mejor de sí mismos tanto como sea posible.

Si uno intenta hacer esto y mejora sus acciones, pensamientos y relaciones, alcanzará la maestría de su vida mucho más pronto. La mayoría de las cosas que hacemos se llevan a cabo de manera mecánica o descuidada. Cada día debemos descubrir si hemos intentado dar lo mejor en todos los temas.

El hombre está típicamente perdido en su propio pensamiento y reacciones mecánicos. Él no hace cosas porque quiera hacerlas sino porque se ve obligado a ello. Su corazón no está involucrado en lo que hace; más bien, está interesado solamente en los resultados que consigue. Si él cambia su mente y empieza a trabajar por el bien del trabajo, incrementando sus esfuerzos por mejorar, terminará desarrollando un sentido de responsabilidad.

Cuando empiezas a mejorar la calidad del trabajo que produces, el sentido de responsabilidad empieza a apare-

3. M.M. se refiere al Maestro Morya.

cer. Si la calidad de tu trabajo no está mejorando, nunca podrás desarrollar el sentido de responsabilidad.

Debes intentar en todo momento hacer cada vez mejor las cosas. Esto te dará la oportunidad de ayudar a la formación de tu alma e Individualidad. Esta sugerencia nunca se comprenderá totalmente a menos que la hagas tuya a través de tu experiencia. Haciéndolo cada vez mejor, escaparás del «tornado» antes de que llame a tu puerta.

La vida está programada de tal forma que, te guste o no, querrás escapar del «tornado». ¿Cómo puedes escapar de él si tu cola está atrapada en las manos de los Señores Kármicos? La mejor forma de librarse del karma es intentar continuamente hacer tu trabajo cada vez mejor con un claro sentido de responsabilidad.

2. ***Demuestra olvido de si mismo.*** Tal persona tiene las siguientes diez cualidades que demuestran sus logros:

a. Practica autosacrificio.
b. No espera favores de los demás.
c. No tiene lástima de sí mismo.
d. No es quisquilloso.
e. Piensa y trabaja para mejorar el futuro de los demás.
f. Es generoso y bondadoso.
g. Ejercita la inofensividad.
h. Obedece la voluntad de su Alma y Maestro.
i. Está lleno de gratitud.
j. Está vacío de espejismos, ilusiones, vanidades y no tiene ego.

3. *Es silencioso.* El sentido de responsabilidad ejerce presión sobre nosotros y exige que gradualmente desarrollemos la virtud del silencio.

Cuanto más elevada sea tu posición, se te exige mayor control sobre tu boca. La gente común que comercia en el mercado puede hablar día y noche descuidadamente. Pero una palabra equivocada dicha en un alto cargo puede costarte la vida. Cuanto más elevada sea nuestra responsabilidad, más estrictos debemos ser en el control de nuestro discurso. Una palabra errada, una frase mal dicha, puede desencadenar en el mundo mil satanes.

Debemos recordar que el silencio no se refiere necesariamente a cerrar nuestras bocas o congelar nuestras mentes; se refiere al estricto control sobre nuestra habla usando nuestro sentido de responsabilidad a la luz de la discriminación intuitiva.

Aquellos que practican el silencio saben exactamente qué y cuándo hablar –y cuándo guardar silencio.

4. *Manifiesta humildad.* A causa del amor, la comprensión y la sensibilidad que tiene una persona con un sentido de responsabilidad, se hace humilde cuando puede salvar las vidas de los demás o cuando puede cuidar su honor y darles una oportunidad de mejorar. La humildad se demuestra en la familia, por ejemplo, cuando una persona ofrece su tiempo y talentos para satisfacer las necesidades de sus hijos y esposa. Una persona demuestra humildad incluso cuando otros no reconocen su labor, o cuando lo consideran en un nivel por debajo de ellos.

Pero uno nunca debe jugar a ser «humilde» si la humildad anima a otros a ejercer presión y control y a continuar con un comportamiento destructivo y despectivo. La humildad es la capacidad de enfrentarte a tu propio ego y tu vanidad y de manifestarte como eres en realidad.

A veces las personas humildes hacen un mejor trabajo que aquellos que están llenos de arrogancia, vanidad y ego. Equipaje como éste, pesa mucho sobre sus hombros y eventualmente estas personas abandonan su viaje hacia la cima.

5. ***Enseña a otros a apreciar aquello que se gana con su propio sudor y trabajo y enseña a no vivir como parásitos de los demás.*** Este atributo queda ilustrado en la siguiente historia.

Un padre llamó a su hijo para decirle: «Hijo mío, hoy necesito cinco dólares». «Sí, padre», respondió el hijo. El chico se acercó a su madre y le pidió que le diera cinco dólares que luego llevó a su padre.

Semanas más tarde, el padre llamó de nuevo a su hijo y pidió que le trajera cincuenta dólares. El hijo fue a su madre, pero ella no tenía tanto dinero, así que él robó cincuenta dólares y se los llevó a su padre.

«Padre», dijo, «¿por qué siempre me estás pidiendo dinero y más dinero?». «Bueno», dijo el padre, «esta es la última vez que te pediré ayuda. Si me traes quinientos dólares, no necesitaré más dinero y tu trabajo habrá terminado».

El chico sabía que no podría pedir prestado o robar tanto dinero, así que buscó trabajo. Encontró un trabajo en una granja y tras unos meses trabajando muy duro, ganó quinientos dólares y llevó a casa el dinero para su padre. «Hijo mío», dijo el padre, «eres el más grande. Estoy muy agradecido». Entonces, él tomó el dinero y lo hizo pedazos, lanzándolo al viento. El chico, gritando de rabia y con lágrimas cayendo por el rostro, dijo: «Padre, ¿qué está haciendo? ¡Me maté trabajando para traerte ese dinero!». «Hijo mío», dijo el padre calmadamente, «¿qué crees que hice con todo el dinero que me trajiste? ¿Por qué no me preguntaste antes qué estaba haciendo con el dinero, en lugar de solamente gritarme ahora en la cara?». «Pero Padre», dijo el chico, «¡ese era **mi** dinero!». «Sí, sí, sí», dijo el padre, «por eso ese dinero era tan valioso para ti. ¡Quería enseñarte la lección de que nada es tan valioso como lo que has ganado con el sudor de tu frente y tu trabajo!».

6. ***Aprende de sus propios errores y fracasos con humildad, respeto, alegría y aceptación.*** Aquellos que carecen de sentido de responsabilidad discuten contigo si señalas sus errores. Se sienten enfadados y heridos y eventualmente niegan sus fracasos y errores. Nadie puede ayudar a estas personas.

Una persona responsable te pedirá que le muestres sus errores porque sabe que solamente a través de la corrección de sus errores podrá ejercer su sentido de responsabilidad con más eficiencia.

Las personas irresponsables insisten en que sus errores surgen de ti o de los demás, si es que pueden alcanzar a ver los errores. Ellas no pueden corregirse a sí mismas y por eso siempre siguen siendo mediocres y están resentidas.

Esa información es útil cuando estás buscando un marido o una esposa, un socio para los negocios o un amigo. Incluso puedes elegir tus clientes buscando estos indicios. Si una persona muestra señales de tener desarrollado el sentido de responsabilidad, será de gran valor para ti. Si la persona no muestra indicios de responsabilidad, traerás problemas a tu vida asociándote con ella. Muchas personas que han trabajado para otros no recibieron su pago porque estos empleadores carecían de un sentido de responsabilidad.

Si no aceptas tus fracasos y errores con humildad y alegría, y si rechazas a aquellos que te señalan tus errores, algo muy grave ocurre en tu mente. Cada vez que cometas un error, tu mente lo aceptará como si no fuera un error importante. Eventualmente tu mente terminará desarrollando un sistema de racionalización y de creación de excusas y te dirá: «Está bien; no hay problema». Cuando tu mente se programa de esta forma, te conduce al desastre. Debido a que tus errores no son corregidos, se incrementan y causan tu fracaso.

Una abuela una vez pidió a su nieto que robara un huevo de un vecino y se lo trajera. Luego le pidió que robara un pollo -y luego una cabra. Y cada vez que el nieto obedecía a su abuela, ella lo alababa y le premiaba. Llegó a ser un ladrón profesional, fue detenido y sentenciado a muerte.

La mente de una persona que está programada para aceptar el fracaso opera de la misma forma y la vida de esa persona culmina con el mismo desenlace.

El sentido de responsabilidad también debe desarrollarse hacia uno mismo. Debes saber que eres responsable del estado de tus tres vehículos. Este sentido de responsabilidad no te permitirá que tomes ninguna acción que pueda dañar tu cuerpo, petrificar tus emociones u oscurecer tu mente y convertirla en un instrumento del mal.

Nuestro cuerpo físico es la herramienta más hermosa que tenemos para ser usada en el plano físico. La gente no valora sus propios cuerpos lo suficiente; incluso ponen a sus cuerpos en peligro para ahorrar unos pocos dólares.

Una vez, diez de nosotros, chicos jóvenes, íbamos a cruzar un río. Desafortunadamente para nosotros, la lluvia del día anterior había elevado el nivel del agua. Había un puente hecho con cuerdas y troncos, pero estaba deteriorado. También había un barquero que operaba un barco de vapor a la antigua usanza. El barquero pedía diez dólares por cabeza como tarifa para el cruce y pidió también que al menos seis de nosotros viajáramos. Le entregué diez dólares, pero todos los demás se negaron a pagar.

Al anochecer me atreví a subir al puente; con un gran esfuerzo pude cruzar hasta la otra orilla. Nadie más se atrevió. Les grité y les dije que desde el puente podía ver que la corriente era muy rápida y que no debían intentar cruzar a nado. «Paguen los diez dólares y estarán a salvo», aconsejé. Ellos gritaron: «Eres un cobarde; vamos a ir nadando».

Se quitaron la ropa y la colocaron toda junta en una bolsa, que ataron con una cuerda para poder tirar de ella después de que hubieran cruzado. Les grité una y otra vez, pero caminaron hasta el rio y saltaron. De repente una corriente rápida los atrapó a todos. Se ahogaron, uno a uno, y fueron lanzados a la orilla como peces muertos.

Las personas con un sentido de responsabilidad hacia la vida y hacia sus cuerpos no venden sus cuerpos por diez dólares, abusan de ellos ni los dejan inservibles. Al contrario, aquellos con sentido de responsabilidad consumen alimentos correctos, toman las bebidas correctas, tiene un descanso adecuado, disfrutan la vida y sirven a otras personas.

Siete etapas en el desarrollo del Sentido de Responsabilidad

La ***primera etapa*** hace que una persona piense, actúe y diga aquellas cosas que son para el beneficio de sí mismo y de los demás. Si haces algo bueno para ti mismo, pero dañas los derechos de otro, no tienes un sentido de responsabilidad.

Si robas bienes para incrementar tus ganancias, careces del sentido de responsabilidad. Hay mucho sufrimiento y perturbación sobre la Tierra porque hacemos, pensamos y sentimos de formas que no son beneficiosas para todos.

Cristo dijo: «¿Cómo puedes amar a Dios, a quien no puedes ver, cuando no puedes amar a tu hermano, a quien sí puedes ver?».

Las personas hacen dinero vendiendo veneno; ¿qué hay de las personas que están comprando y usando ese veneno? No hay sentido de responsabilidad si no consideras tus propios intereses y bienestar de la misma manera que los intereses y el bienestar de los otros.

Había un pastor que tenía cien ovejas. A causa de su codicia, sin embargo, no gastaba nada de dinero en alimentarlas. Eventualmente todas las ovejas murieron y se quedó sin trabajo.

Aquellos que no tienen sentido de responsabilidad consumen los recursos de sus ingresos y caen en la pobreza. No solo debes pensar en los demás sino también en tu propio bienestar. Debes sentirte responsable de tu propio bienestar, como lo haces por el bienestar de los demás.

La forma más eficiente de perder o fallar en la vida es no tomar en consideración el bienestar de los otros cuando estás considerando tu propio interés.

Mi Padrino era un hombre que hacía y reparaba zapatos. Este hombre tenía una esposa maravillosa, la mejor casa, el mobiliario más hermoso y dinero en el banco. Yo me preguntaba cómo un zapatero podía ser tan rico. Él tenía una pequeña tienda y solamente tres empleados trabajaban para él.

Un día decidí averiguar cómo llevaba su negocio, así que pasé el día sentado con sus trabajadores e intenté observar todo lo que sucedía –especialmente el comportamiento de mi Padrino. Finalmente entró un cliente a la tienda.

–¿Están terminados mis zapatos?

–Por supuesto, señor. Están preparados como le prometí, reparados, lustrados y con nuevos cordones. Espero que esté complemente satisfecho.

–Muchas gracias.

–Primero, sin embargo, quiero que se pruebe los zapatos para que si algo no está correcto pueda corregirlo y hacérselos más confortables para usted. Ahora camine un poco con ellos. ¿Cómo los nota?

–Se sienten bien.

–Bien, démelos. Este necesita una almohadilla en el tacón.

–¿De verdad?

Puso una almohadilla en el zapato e hizo que el cliente caminara con ellos de nuevo.

–Eso está mejor. Espero que sean satisfactorios ahora.

Todo el día él mostró el mismo cuidado para cada cliente que entró en la tienda. Viendo su interés por ellos, sus clientes depositaron su confianza en él y se convirtieron en clientes permanentes.

Un día, él me dijo: «Si el cliente no está satisfecho, su dinero no me traerá bendiciones».

Mi Padrino era muy observador. Enviaba a la gente al médico si observaba algún problema en la manera de andar y especialmente les aconsejaba una revisión de riñones si sus zapatos emanaban ciertos olores. Una vez me contó que podía determinar la naturaleza de una persona examinando sus zapatos y viendo qué parte de los zapatos estaban desgastados. Me dio una charla muy interesante sobre el tema y añadió con humor: «los psicólogos aprenderían más sobre la naturaleza del hombre si solamente examinaran y aprendieran de las lengüetas de los zapatos».

Un día visité su casa, donde se estaba reuniendo con cinco hombres. Les preparé café y vi que dio diez mil dólares a cada uno. Estos hombres eran responsables de distintas organizaciones caritativas y orfanatos. después de que se hubieron marchado, dijo: «Siento como si una pesada carga se hubiese liberado de mis hombros. Tener dinero y no darlo a los necesitados es la peor carga».

Mi Padrino era un hombre responsable.

Un día entró un hombre rico a la tienda y discutió con él por medio dólar. El hombre dijo:

–Su trabajo es bueno, pero no debe costar más de cuatro dólares.

–Señor –dijo mi Padrino–, si quiere pagarme cuatro dólares, me parece bien. Pero me deberá cincuenta céntimos para la eternidad. Después, si usted decide pagarme, el interés acumulado alcanzará una suma astronómica.

El hombre lo miró, lanzó cuatro dólares sobre la mesa y se marchó.

–¿Por qué le diste los zapatos sin tomar los cincuenta céntimos adicionales? –le pregunté.

–Bueno –dijo él–, es a mi favor. Me traerá más intereses de esta manera que si el dinero estuviera con él o en mi banco.

Me llevó años comprender las palabras de este sencillo zapatero.

La ***segunda fase*** del sentido de responsabilidad es que una persona piensa, habla y actúa de acuerdo con las leyes del Estado, y en línea con sus obligaciones. Una persona que tiene un sentido de responsabilidad nunca viola conscientemente la constitución de su nación; obedece la ley. Él sabe que la ilegalidad conduce al desastre.

La ***tercera fase*** del sentido de responsabilidad es que la persona piensa, habla y actúa de acuerdo con la dirección de su Guía Interior. Nunca viola su consciencia, las impresiones provenientes de su Guía Interior. Estas impresiones tienen siete características:

- Belleza.
- Bondad.
- Rectitud.
- Alegría.
- Libertad.
- Servicio sacrificado.
- Esfuerzo.

Si las instrucciones provenientes del interior no están de acuerdo con estos siete principios, entonces sabes que la persona está bajo el ataque de las fuerzas oscuras.

La *cuarta fase* del sentido de responsabilidad es que la persona es sensible a los requerimientos de los grupos en los que trabaja y vive.

La *quinta fase* del sentido de responsabilidad es que la persona es sensible a las reglas, normas, exigencias y órdenes de la Jerarquía.

La *sexta fase* del sentido de responsabilidad es que la persona es sensible a la Voluntad de la Torre de Shamballa.

La *séptima fase* en el sentido de responsabilidad es que la persona es receptiva al Propósito Solar.

Siete factores que forman la base de la Responsabilidad

1. Puntualidad y sincronización correcta.
2. Precisión.
3. Honestidad.
4. Alegría y gratitud.
5. Integridad.
6. Olvido de uno mismo.
7. Propósito.

Puntualidad y Momento Correcto

La puntualidad es muy importante para el éxito. Nadie puede desarrollar un sentido de responsabilidad sin ser puntual. La puntualidad te ahorra tiempo y el tiempo de los demás. Cualquier cosa hecha demasiado pronto o demasiado tarde puede crear perturbaciones y complicaciones en tu vida o en las vidas de los otros.

La vida es un sistema de engranajes. Sin puntualidad, la sincronización no ocurre. Sin sincronización uno termina siendo expulsado de la cadena de engranajes.

La oportunidad del momento correcto es la habilidad de hacer, decir, o incluso pensar en el momento más adecuado, particularmente el momento psicológico más apropiado. Las acciones ejecutadas en el justo momento pueden ser exitosas y prósperas.

Las personas saben cuándo plantar determinadas semillas o árboles y cómo plantarlos para sacar lo mejor de ellos. Pero difícilmente piensan sobre cómo plantar sus ideas y palabras, o sus acciones, en el momento correcto o en las mentes adecuadas, las mentes de aquellos que están preparados para nutrirlos y apoyarlos.

La acción correcta tomada en el momento equivocado puede traer resultados erróneos. Recuerda que los pájaros, peces y otros animales tienen un agudo sentido del momento oportuno. Sin él no podrían sobrevivir.

La humanidad aprende el valor del momento correcto a través del sufrimiento y el fracaso, a través de la experiencia y el pensamiento, e incluso a través del consejo. Los animales, peces y pájaros son en cambio mecánicos: ellos siguen ondas electromagnéticas en la Naturaleza y sienten el momento adecuado para desplazarse de un lugar a otro. ¿Acaso no sabe todo gallo acerca del momento correcto?

Precisión

Nunca aceptes ninguna responsabilidad si no eres firme en tu decisión de hacer el trabajo con precisión: precisión en el tiempo, en desempeñar el trabajo, en reportar, en contabilizar, en medir, y así sucesivamente. Nadie puede afirmar que tiene un sentido de responsabilidad si no tiene el sentido de precisión.

Se nos dice que se perdieron muchas guerras porque el líder recibió reportes imprecisos. Una afirmación falsa es como un cero adicional detrás de un número. La falsedad y el sentido de responsabilidad no pueden ponerse de acuerdo.

La mala traducción de documentos o libros a veces crea caos en las mentes de la gente. A menudo libros importantes que no han sido traducidos con precisión crean guerras y dificultades dentro de un país, porque cada bando cree que su interpretación es la correcta. Si un computador especial comete un error, puede llevar a una nación al desastre.

Honestidad

Nunca dejes que tu posición de responsabilidad quede afectada por tu interés propio o se mantenga para satisfacer tus sentimientos negativos contra otros.

Nunca aceptes una responsabilidad que vaya en contra de los sentimientos de tu corazón o consciencia. Pero una vez la aceptes, pon tu vida en ello. La responsabilidad quema a aquellos que se quedan a medio camino o con cambios de humor.

El sentido de responsabilidad no existe sin honestidad. Si creo que una persona tiene sentido de responsabilidad, puedo darle un trabajo en mi fábrica. Pero si descubro que es deshonesto manejando dinero o mercancías, ¿puedo todavía creer que tiene sentido de responsabilidad?

Alegría y Gratitud

Nunca contrates gente ni te comprometas en negocios importantes con personas si ves que les falta alegría y gratitud. Solamente las personas alegres pueden satisfacer tus expectativas respecto al trabajo.

El trabajo hecho sin alegría y gratitud contamina el lugar con veneno y negatividad. La mayoría de los ejecutivos que pierden sus trabajos lo hacen porque las personas a su cargo no tienen alegría ni espíritu de gratitud.

Cualquier responsabilidad llevada a cabo con depresión, queja, lamento, remordimiento, con difamación, malicia o traición, termina quemando el mecanismo de la persona. Solamente con alegría y gratitud los mecanismos del hombre pueden desempeñar su trabajo bajo la presión evocada por el fuego de la responsabilidad.

Si das un trabajo a alguien que no tiene alegría ni gratitud, lentamente se volverá contra ti. A menudo los traidores proceden de los rangos de aquellos que no tienen alegría ni gratitud. Si tu esposa o marido carece de estas cualidades, lo pasarás muy mal con esa persona.

Mi padre me aconsejaba que no viajara con personas que no tuviesen alegría y gratitud. Ellas te estropean la diversión y la felicidad.

La carencia de alegría y gratitud a menudo indica que la persona tiene muchas preocupaciones en su corazón y una gran cantidad de karma sobre sus hombros. También es posible que haya corrientes negativas de pensamiento dirigidas hacia él. Estas personas deben pasar por un proceso de purificación antes de ser trabajadores útiles o amigos.

Para producir un buen trabajo, primero debes estar alegre por tener el trabajo. Segundo, debes estar agradecido porque ese trabajo se te haya dado. La calidad de tu trabajo entonces será mucho mayor.

Aquellos que toman responsabilidad en servicios superiores son observados por los Grandes Seres, y en el momento en que aceptan su responsabilidad, una corriente ardiente de energía se libera en ellos proveniente de los Grandes Seres o de su Núcleo Interior. A menudo vemos una gran transformación en el carácter de las personas que han ascendido a una posición importante con un sentido limpio de responsabilidad.

Recuerda que transfieres a tu trabajo todos tus sentimientos y pensamientos. Si estás pintando una habitación y no tienes alegría ni gratitud, imprimes tu tristeza y veneno a las paredes. Las personas lo sentirán o quedarán afectadas por ello durante mucho tiempo.

Una vez cuando era profesor, el director me dijo que reuniera a los niños mayores para una excursión en autobús a las montañas. Cuando el autobús llegó a la escuela, él habló con el conductor durante unos minutos y luego me pidió que fuera al despacho y solicitara un nuevo chófer. El conductor se marchó con ira e irritación.

Pregunté al director: «¿Por qué hizo eso?». Él respondió: «No quiero viajar con alguien que es irritable, negativo y carente de alegría, especialmente porque las vidas de todos estos niños estarían en sus manos».

Mientras íbamos viajando a lo largo de las carreteras empinadas y estrechas de la montaña, el nuevo conductor nos contó que el anterior chófer tenía un expediente muy malo; no solamente se peleaba con las personas, sino que también había tenido muchos accidentes.

No des responsabilidad y trabajos peligrosos a las personas que están enfadadas, irritadas, deprimidas y negativas. Busca ayudantes alegres.

Integridad

A menos que seas de confianza para las personas que te rodean, para tu Alma, o para un gran Instructor, no puedes ser inspirado hacia una responsabilidad superior. Cuanto mayor sea tu responsabilidad, mayor es la confianza que se te da. Una de nuestras intenciones debe ser ganar la confianza de nuestros superiores o nuestros colaboradores.

La integridad no puede ganarse alardeando o a través del soborno, pero puede ganarse demostrando el tipo de vida que inspira seguridad, fe y confianza. Todo progreso en el sendero espiritual se gana convirtiéndose en una persona íntegra. Se nos dice que todo progreso espiritual está basado en la integridad. No puedes avanzar una pulgada en el sendero sin esta cualidad. Por esta razón Cristo dijo una vez: «Si eres íntegro en las pequeñas cosas, mayores trabajos de confianza se serán dados».

Olvido de uno mismo

El grado de olvido de ti mismo es igual a la calidad del trabajo que produces utilizando tu sentido de responsabilidad –o la calidad del trabajo del que eres responsable.

El sentido de responsabilidad profundiza a medida que se incrementa el olvido de uno mismo.

Propósito

Nunca podrás tener un sentido de responsabilidad o mantener una auténtica posición de responsabilidad a menos que tengas un propósito. El mejor propósito es cultivar y hacer brillar tu divinidad interior mientras ayudas a otros a hacer lo mismo. Si éste no es tu propósito ulterior, entonces no podrás desarrollar un sentido de responsabilidad.

Cada responsabilidad es un medio por el que puedes alcanzar tu propósito. A menos que este propósito forme el eje de toda tu labor y dedicación, la responsabilidad se convertirá en deber y el deber pasará a ser un trabajo de rutina, y la rutina se convertirá en una prisión –y te harás a ti mismo prisionero.

Veintidós indicios importantes de aquél que carece de un Sentido de Responsabilidad

1. Miente.
2. Roba.
3. Oculta.
4. Destruye.
5. Calumnia.
6. Daña su salud.
7. Hiere, explota y/o manipula a otras personas.
8. Es descuidado en su trabajo o en la amistad.
9. Insulta a otros.
10. Carece de solemnidad.
11. Impone su voluntad sobre otros.
12. Es arrogante.
13. Está lleno de vanidad.
14. Es indiferente a los sentimientos de los demás.
15. Adora a su ego.
16. Es chismoso.
17. Es celoso.
18. Anima al vicio a los demás.
19. Disfruta viendo fracasar a las personas.
20. Usa el tiempo y dinero de otros.
21. Se convierte en una carga sobre los hombros de otros.
22. Es irrespetuoso.

Una palabra sobre tus invitados

Si tienes invitados que no tienen sentido de responsabilidad, ten cuidado. Por ejemplo, he visto y escuchado acerca de invitados que usan el teléfono continuamente sin dar jamás a los anfitriones una oportunidad de utilizar su propio teléfono. Hay invitados que incluso se visten con tu ropa, vacían el refrigerador, se dan largos baños y utilizan tu lavadora sin preguntar.

Ten cuidado de los invitados que quizás tengan fines perversos hacia tus hijos. No les permitas beber en tu casa o visitar tu hogar mientras estén ebrion. No les dejes consumir drogas en tu hogar.

He visto invitados que comen, beben, descansan y luego desaparecen –sin una palabra de gratitud. Estos son invitados que te traerán vergüenza. Puede que incluso roben tus joyas o tu dinero. Estos invitados imponen malos ejemplos a tus hijos o esposa. Ten cuidado de aquellos que no muestren los siete indicios de responsabilidad.

Cierto día, mi vecino me llevó a mí y a cuatro de sus invitados a un restaurante. Los cuatro invitados eligieron los productos más caros del menú. Mi vecino me susurró: «Por favor, pide solo una ensalada; no puedo pagar todo lo que ellos han pedido». Ambos pedimos una ensalada. Después deslicé un billete de cincuenta dólares en su bolsillo; ¡la cuenta ascendió a ciento sesenta y cinco dólares!

Cuando regresábamos caminando a casa, dijo: «Si ellos se quedan unos pocos días más, me volveré loco». «Pero ¿por qué los anima a que se queden en tu casa?», le pregunté.

Un invitado vino una vez a mi casa, un viejo amigo. Cada día durante una semana salía al atardecer y volvía a la una de la madrugada. Tenía que esperarle para que pudiese entrar. Cuando volvía, se duchaba durante una hora, luego veía la televisión durante un rato.

Su visita de una semana me enseñó una gran lección: nunca metas en tu casa a quien no tiene sentido de responsabilidad.

Los monstruos son la personificación de los momentos acumulados de irresponsabilidad.

Una vez tuve un amigo que era estudiante de medicina. Él tuvo un problema con sus padres y lo echaron de su casa faltándole dos años para que se graduara.

Él vino a mi casa y me preguntó si podía vivir en una de mis habitaciones «durante unos meses» hasta que encontrara un lugar para vivir. Pensé que, dado que era un estudiante de medicina, estaría estudiando y preparando sus trabajos y que podríamos hablar de temas médicos, así que dije: «De acuerdo, puedes vivir aquí durante unos pocos meses».

El día que se trasladó encontré cinco latas de cerveza vacías sobre la mesa. Cuando llegó a casa, le dije:

–Sabes, no quiero que estés ebrio en mi casa.

–Por favor –dijo–, no restrinjas mi libertad y todo irá bien.

Transcurrieron unos pocos días sin sobresaltos. Entonces, una medianoche escuché las carcajadas de una chica. A la mañana siguiente él me pidió prestados quince dólares.

La factura de mi teléfono subió a ciento veinticinco dólares en un mes. No se dejó aconsejar; mi invitado era totalmente indiferente a mis sentimientos. No podía meter nada en el refrigerador; al siguiente momento él lo consumía. No podía deshacerme de él.

–Por favor, dame unos pocos días para mudarme –me pidió.

–De acuerdo, te doy unos días.

Finalmente se marchó –llevándose consigo dos trajes míos, la máquina de escribir y una grabadora. No me sentía demasiado mal. «Qué importa», pensé, «él los necesita. Es bueno que se haya mudado».

Él se graduó y consiguió un empleo en un hospital. Después, fue enviado a prisión tras seducir a una paciente de catorce años. Le visité en la cárcel, pero no se me ocurría nada que decir. Después de mirarnos unos minutos, él dijo: «Siento lo que hice». Sacudí mi cabeza y me marché.

Un proverbio oriental afirma: «Las personas irresponsables son peores que las termitas». Mi padre dijo una vez que una persona irresponsable es como una pieza de acero que intenta verse como un imán. Esta persona se aproxima a un imán verdadero –una persona importante– y se frota contra él para ser magnetizado por un tiempo.

Las personas irresponsables se hacen más peligrosas si logran usar tu autoridad, tu prestigio o tu posición. A veces intentarán descubrir secretos familiares, empresariales o políticos, que utilizarán como capital –o como cuerdas con las que te atan y te hacen su esclavo. Cuando las personas irresponsables te hieren, cúlpate solo a ti mismo por no ser suficientemente cauteloso.

Se nos dice que cuando la Nueva Era realmente alboree sobre la humanidad, los líderes de ésta promocionarán a las personas a posiciones sensibles solamente después de que demuestren tener un sentido de responsabilidad. El mayor daño a la seguridad y el bienestar de una nación no es causado por los enemigos, sino por las personas irresponsables que ocupan puestos sensibles en esa nación.

Características de aquellos que transitan el Sendero

Para aquellos que están sobre el sendero de perfección, en todos los aspectos de su vida el sentido de responsabilidad les impulsa a:

- Dar lo mejor de sí mismos.
- Ser altamente eficientes.
- Economizar en tiempo, energía y materia.
- Ser muy sensibles a las necesidades de las personas.

- Tener una devoción incondicional hacia aquellos ante los que son responsables.
- No tener tendencia hacia la explotación.
- Tener la habilidad de resistir a cualquier espejismo e ilusión que intenten desviarlos del camino.
- Incrementar la labor abnegada para satisfacer los requerimientos del campo en el que trabajen.
- Mantener su equipo y los de sus colaboradores en las mejores condiciones laborales.
- Ser altamente disciplinados.
- Hacer que todos sus vehículos de la personalidad obedezcan a sus propias tareas y responsabilidades.
- Ser muy sinceros y directos con sus colaboradores.
- Ser muy sinceros y disciplinados hacia aquellos que quieren ser líderes.

Cómo desarrollar un sentido de responsabilidad

1. A través de la meditación; de este modo intentas entrar en contacto con tu Guía Interior y después con tu auténtico Ser.
2. Aceptando voluntariamente tareas sobre tus hombros y llevándolas a cabo con un espíritu responsable.
3. No culpabilizando a otras personas; al contrario, aceptando tú mismo la responsabilidad.
4. Haciendo compromisos y promesas, y manteniéndolas.
5. Desarrollando amor puro por una causa excelsa, una persona o un grupo.
6. Desarrollando contemplación sobre Ser Uno, que está en todas partes y en todo.
7. Siendo honesto y noble.

Cómo se debilita y sufre nuestro Sentido de Responsabilidad

1. Descuidando la puntualidad.
2. Olvidando el espíritu de esfuerzo hacia la perfección.
3. No siendo sensible a los sentimientos de otras personas y a las normas bajo las que ellas viven.
4. Estando involucrado solamente en nuestros placeres e intereses egoístas.
5. Violando los derechos de otras personas o explotándolas.

El resultado de no tener un Sentido de Responsabilidad

1. Eventualmente nadie confiará en ti.
2. Los Grandes Seres no te darán mayores tareas ni responsabilidades.
3. No se te invitará a unirte al círculo de aquellos que trabajan por el bien superior para la humanidad.
4. Nunca florecerás; retrasarás tu evolución e invitarás al dolor y sufrimientos innecesarios.
5. No se te transmitirán misterios, conocimiento ni liderazgo superiores.
6. El éxito verdadero se basa en el sentido de responsabilidad. Ningún negocio puede florecer **sin** líderes y colaboradores responsables.

Responsabilidad y Acción

Los estudiantes de la «sabiduría» tienen muchos tipos de enfermedades a pesar del hecho de que leen casi todo lo que suscita su curiosidad, y hacen cualquier cosa que les hace sentir como si estuvieran en el sendero hacia una victoria superior.

Una de las enfermedades que se debería discutir es la actitud: las cosas ocurrirán en el momento correcto. Creyendo que esto es un hecho, no se comprometen con la acción, sino que esperan. Sin embargo, nada ocurre a menos que se emprenda la acción.

El auténtico discípulo de la sabiduría es un hombre de acción. Él piensa, siente y actúa, creyendo que sus acciones cambiarán las cosas, que sus acciones crearán causas y efectos, y que sus acciones mejorarán las condiciones del ambiente y todo en la vida.

En lugar de conectarse con la acción, el estudiante de la «sabiduría» sueña, espera, tiene expectativas y esperanzas. Por supuesto, soñar, esperar, tener expectativas y esperanza son nociones valiosas, pero sin acción son como las cuatro paredes de un ataúd.

Un discípulo de sabiduría debe actuar, y no debe retrasar su acción cuando es urgentemente necesaria. La acción crea coordinación entre sus pensamientos, sentimientos y cuerpo. Él se convierte en una unidad coordinada que actúa y, a través de su acción, genera causas que pavimentan el camino hacia un mejor futuro. Sin visión futura, las acciones no tienen dirección.

Una persona responsable es una persona de acción. No observa simplemente a un niño que se está ahogando, sino que salta al agua para salvarle. No solo observa a las personas destruir una nación con las drogas, la pornografía y el alcohol o a través de la explotación, manipulación y otros medios. En su lugar, él toma acción. No observa y espera mientras la contaminación y el veneno se incrementan por todas partes. Él se siente responsable y toma acción.

Sus acciones no se basan en el odio, el miedo o la ira, sino en el **Bien Común.** Sus acciones no son el resultado del entusiasmo, sino que son acciones contempladas, medidas y bien organizadas - acciones que ayudan a la gente. Cuanto más importantes son sus acciones, más tiempo y pensamiento les da.

Los grandes héroes nacen del vientre del sentido de responsabilidad.

Responsabilidad en el Liderazgo Grupal

Cualquier líder grupal tiene las siguientes responsabilidades:

1. Como presidente de un comité, eres responsable de lo que está yendo bien o lo que está errado dentro de ese grupo.
2. En todo trabajo que se te brinda y en toda posición a la que eres designado, eres responsable de cualquier falla.
3. Debes sentirte responsable del éxito o el fracaso, avance o retraso del grupo.
4. Debes sentirte responsable de **proteger** la reputación del grupo y de **crear** una buena reputación.
5. Debes demostrar responsabilidad no solamente haciendo cosas, sino también no haciendo ciertas otras. Tu intuición te dirá cuándo hacer algo y cuándo abstenerse.

Las personas responsables son los colaboradores de los Poderes Superiores.

Cómo se lleva a cabo el Sentido de Responsabilidad

1. Incrementando tu conocimiento y habilidad en el campo en el que trabajas.
2. Manteniéndote saludable.
3. Siendo consciente de lo que está pasando en el mundo, mostrando un profundo interés en la política.

4. Viendo quién está creando obstáculos en el sendero evolutivo de la humanidad.
5. Viendo quién está encontra de la unidad y la cooperación.
6. Disciplinando a tus colaboradores –porque tu éxito y tu vida está en sus manos.

Cómo reconocer a aquellos que tienen una falta de Sentido de Responsabilidad

1. Cuando están de visita, ellos comen más que otros.
2. Saquean el frigorífico y comen o beben las cosas que tú compraste para ti (esto va más allá de todas las expectativas de la hospitalidad normal).
3. Cuando se duchan o usan el baño de otra manera, dejan todo hecho un desastre.
4. Quieren que proveas por todas sus necesidades.
5. Se acuestan tarde y causan perturbaciones en tus planes.
6. Usan tus ropas.
7. Tocan su propia música sin pedir permiso.
8. Usan tu teléfono durante horas y hacen llamadas de larga distancia.
9. Quieren que les compres cosas.
10. Usan tu coche sin permiso y conducen a donde les place. O te fuerzan a dejarles usar tu coche, no permitiéndote una posibilidad de declinar.

Ten cuidado de tales personas. Evítalas o úsalas para desarrollar tu indiferencia y paciencia.

Qué hacer con las personas irresponsables

1. No les des trabajos delicados. No los promociones.
2. Háblales sobre el sentido de responsabilidad y dales pequeños trabajos –pero exigiendo perfección.

3. Observa su comportamiento estrechamente porque ellos roban, engañan, traicionan y mantienen sus alrededores en convulsión.
4. No los invites a tu hogar.
5. No les confíes objetos de valor, dinero o tus secretos y planes de vida.
6. No te hagas amigo de ellos porque explotarán tu amistad para atraer valor para sí mismos.
7. No les confíes tu casa, tu jardín o tus animales.
8. No les hables de tus problemas.

Si ellos te traicionan y te hacen fracasar, recuerda que solo tú tienes la culpa por no ser cauteloso con ellos.

Cuanto más alta sea tu posición, más elevadas son tus responsabilidades. Debes respetar tu posición y cumplir tus responsabilidades.

Un líder de otra manera responsable puede, bajo la presión de intentar finalizar su trabajo, tomar decisiones erróneas o precipitadas y colocar en una posición a una persona que en el pasado le hubo traicionado, pero que después empezó a cooperar con él.

Un líder responsable, sin embargo, nunca confiará posiciones delicadas a una persona que le abandonó o le traicionó en su hora crítica. El traidor debe ejecutar al menos cinco trabajos abnegados antes de que pueda ser considerado un candidato para el trabajo avanzado.

La traición es señal de que una persona es hipócrita, carente de un genuino sentido de responsabilidad, o de lo contrario es alguien que ha perdido el sentido de responsabilidad cometiendo ciertas acciones malvadas.

Aquellos que calumnian a su padre, madre, líder o instructor, deben ser tratados con extrema precaución. Donde existe el sentido de responsabilidad, se evita la calumnia o la traición. Pero si están estas dos víboras –o estuvieron–, presentes en una persona, debes ser muy cuidadoso, porque las víboras ocultas son más peligrosas que aquellas que puedes ver sobre la superficie.

La oportunidad es el sentido que permite hacer las cosas cuando las energías, fuerzas o condiciones son favorables. La Naturaleza intenta mostrarte esto en los acontecimientos mundiales. La Naturaleza tiene un sentido de oportunidad, pero cuando nuestro tiempo no se sincroniza con el de la Naturaleza, fallamos.

Sentido de Responsabilidad en el Trabajo

Manifiesta eficiencia, puntualidad y pulcritud. La eficiencia es hacer las cosas de la mejor manera posible. La puntualidad se relaciona con el tiempo y la oportunidad. Llegas en el momento correcto y finalizas tus obligaciones y responsabilidades a tiempo. La pulcritud es una palabra muy compleja. Por ejemplo, en la oficina, organiza todo para que no se pierda tiempo buscando cosas.

La diferencia entre responsabilidad y obligación es que esta última te es impuesta por otros o por las circunstancias de la vida. Debido a tus obligaciones, se te remunera. Cada trabajo que haces para cubrir las necesidades de tu familia, amigos, grupo o nación es una obligación que alguien con autoridad te otorga. La obligación es también la respuesta a una necesidad que tienes.

La responsabilidad no se te da. La despiertas dentro de tu propia conciencia y no esperas que nadie te reconozca, te pague o te alabe. Tú creas tu propio campo de trabajo bajo el sentido de responsabilidad y trabajas en ese campo, sin mirar el tiempo y los ingresos implicados, sino disfrutando del servicio que estás dando a otros.

Puedes desarrollar el sentido de responsabilidad en otras personas si estás en una posición de darles obligaciones y aconsejarles para que asuman sus responsabilidades de forma cada vez mejor. Por ejemplo, si conoces a un estudiante que tiene obligaciones en casa y en la escuela, desafíale para que tome la responsabilidad animándole a ofrecer sus servicios como tutor. Cuando él asuma esta responsabilidad, puedes entonces inspirarle para actuar de forma cada vez mejor.

Eventualmente, esta persona desarrollará cuidado y compasión por las otras personas y también tendrá el impulso de informarte de su éxito.

Podrías animar a tu hija para que tome la responsabilidad sobre su hermano pequeño cuando te vayas de viaje. Podrías hacer que tus hijos se sientan responsables de la belleza de su hogar y jardín. Cuando ellos asumen un trabajo voluntariamente y con alegría, ese trabajo se convierte en su responsabilidad. Inspírales a que hagan pequeñas cosas de forma perfecta; luego permíteles que asuman mayor responsabilidad.

Uno debe sentirse responsable por las obligaciones que se le otorgan. Cierta vez, el encargado de un almacén de licores le dio una tarea a un joven empleado y dijo: «Tu obligación reside en este departamento de whisky. Intenta mejorar el negocio para que pueda darte un aumento».

El empleado trabajó durante seis meses. Luego vino a decirme: «Tengo un buen trabajo y estoy cumpliendo con mi obligación lo mejor que puedo. Pero algo me está molestando. Me siento responsable por aquellos que consumen el licor. Quién sabe lo que les está ocurriendo –accidentes de coche, disparos, golpizas, malas palabras, asesinatos, daños a su salud y despilfarro de su dinero».

«¿Qué vas a hacer?», pregunté.

Este chico abandonó el trabajo a causa de su sentido de responsabilidad. Si una obligación va en contra de tu consciencia, tu sentido de responsabilidad interfiere y pone fin a la obligación.

Algunos puntos prácticos

- Si tienes el sentido de responsabilidad, no comprarás algo para ti cuando sea tu obligación comprarlo para otra persona.
- Cuando las personas dan algo a tus amigos, iglesia o grupo, no lo tomes para ti.
- No tomes cosas de tu lugar de trabajo, grupo o de otros hogares sin pedir permiso a alguna persona encargada.
- Cuando pidas prestado algo, devuélvelo en el tiempo prometido con un regalo.
- No des las cosas por sentadas.

Estas acciones desarrollarán un sentido de responsabilidad en ti, que a su vez te ayudará a esforzarte hacia la perfección. El sentido de responsabilidad te inspira para que realices tus obligaciones perfectamente.

Cierto día uno de mis estudiantes en la escuela me dijo:

–Quiero contarle algo muy importante. Sé que lo comprenderá.

–¿Qué es? –inquirí.

–Me siento responsable por el tiempo que a menudo malgasto. ¿Cree que tiene sentido?

–Sí –dije–, tiene sentido. El tiempo, la energía, el dinero, el aire, la luz solar -debemos ser responsable de cómo los usamos y para qué.

El liderazgo está basado en los cimientos de la responsabilidad. El liderazgo no es una obligación; es una responsabilidad. Nadie puede ser un verdadero líder si su sentido de responsabilidad no profundiza y se expande continuamente.

Los líderes más grandes tienen el mayor sentido de responsabilidad y su sentido de responsabilidad es la causa de todas las grandes cosas que logran.

El sentido de responsabilidad no puede ser alcanzado por aquellos que están bajo la dominación de su mente mecánica –si otras personas pueden usarlos y manipularlos «tocando sus botones».

Un creciente sentido de responsabilidad es el resultado de libertad y liberación. En la medida en que una persona es esclava de sus propias partes mecánicas y las partes mecánicas de otros, no puede desarrollar el sentido de responsabilidad y ejercerlo.

La sabiduría se ocupa del sentido de alma y espíritu y de la aplicación de los valores espirituales a nuestras obligaciones diarias. El conocimiento es la acumulación de datos respecto a las leyes que funcionan en y a través del mundo material.

La sabiduría usa el conocimiento para traer unidad, síntesis y belleza al mundo de la actividad. El conocimiento usa la sabiduría para hacerse más inclusivo y menos separatista.

La sabiduría es el conocimiento del Ser. El conocimiento es la información recopilada sobre la naturaleza del no-ser. La sabiduría es el aspecto de actividad de la Intuición y no necesita razón o lógica para discriminar entre objetos en cualquier nivel. La sabiduría puede ver las cosas como son.

La sabiduría es la luz del Logos Solar que se deja caer como una semilla en la mente del hombre y crece como una esfera de luz. A medida que crece, un hombre siente la tendencia de buscar realidades, principios y leyes espirituales. Él aspira a la Belleza, Bondad, Rectitud, Alegría y Libertad. Busca su auténtico Ser y quiere conocer sobre su alma. Trabaja para conocer la esencia y causa de la manifestación.

Si la semilla de sabiduría no está presente, no importa lo que la persona lea sobre los Mundos Superiores y sobre temas espirituales, pues no tiene sentido para él.

La semilla de sabiduría no es el Ser, el alma o el Ángel Solar. Es una esencia ardiente proveniente del Logos Solar que se otorga a una persona para hacer que el alma humana se abra a su Guía Interno y empiece a conectarse con su Núcleo, el Ser. La sabiduría deja a la persona en el momento en que el alma humana cultiva la Conciencia Solar.

La sabiduría es un mensajero. Toda la sabiduría proporcionada a través de videntes, profetas, sabios y Santos es pura luz, condicionada hasta cierto punto por la naturaleza de la persona a quien le es dada. De este modo, en todas las auténticas religiones, en todas las filosofías esotéricas, en todas las artes y la psicología, la sabiduría es la esencia y la fuente.

La responsabilidad no se puede ejercer a menos que estés en el sendero del autodescubrimiento. La responsabilidad es un estado de conciencia en el que no hay fluctuaciones o contradicciones. La responsabilidad es imposible si las personas están obsesionadas, poseídas, o actúan bajo la presión de sus intereses egoístas. Así, podemos decir que cuanto más te aproximes a tu naturaleza espiritual, más firme, estable y persistente serás en tus responsabilidades.

Una persona obsesionada puede actuar persistentemente, pero es con la persistencia del interés propio. El sentido de responsabilidad actúa contra el interés propio porque es una respuesta a las necesidades de otros.

En el sendero del autodescubrimiento, lentamente superas tu ser mecánico, así como el control que otros ejercen sobre ti, y gradualmente te conviertes en un Ser realizado.

En la actualidad, la ciencia crea máquinas que a su vez crean al hombre futuro. Un hombre nacido de una «máquina» cree que es una máquina, que es una computadora. Él vive y actúa de acuerdo con su programa. Será muy difícil hacer que tal generación de máquinas comprenda que son los creadores de las máquinas y que no deberían permitir que las máquinas que crearon controlen sus vidas.

La belleza del espíritu humano descansa en su libertad. En verdad es posible programar a un hombre –aunque esto sea un crimen. El mayor deber de los Instructores de la humanidad es desprogramar al hombre para guiarle hacia su esencia pura.

Desprogramar a una persona significa liberarla de sus complejos, espejismos, ilusiones, vanidad y ego, y permitirle brillar con pura Belleza, Bondad, Rectitud, Alegría, Libertad, en el servicio sacrificado y esfuerzo hacia la perfección intelectual, moral y espiritual.

En la medida en que un hombre es controlado por una máquina, él se convierte en una. Cuando usa las máquinas que crea para liberar a las personas de la pobreza, ignorancia y esclavitud, entonces las máquinas se convertirán en sus servidores.

Responsabilidad y Corazón

Una persona comienza a ser cada vez más sensible a los estados de conciencia de otra persona a través de la cualidad intuicional de su corazón. A través del corazón, una persona se une con la esencia de otro, respondiendo a sus necesidades como si fueran las suyas propias.

La responsabilidad es el resultado de la comunicación subjetiva y un sentimiento de unidad. El sentido de responsabilidad establece obligaciones para aquellos que no tienen todavía desarrollado este sentido.

Aquellos que sienten que algo valioso existe detrás de sus obligaciones desarrollan el sentido del deber. El sentido del deber guía al trabajo. El sentido de responsabilidad lleva al trabajo sacrificado. El sentido de responsabilidad se manifiesta a través del sentido del deber, el trabajo y el servicio sacrificado. Cuando una persona con sentido del deber se compromete en una labor de sacrificio, desarrolla el sentido de responsabilidad porque su corazón se despliega y su intelecto se agudiza a través de la labor de sacrificio.

Las Siete Responsabilidades

Hay siete responsabilidades. En una persona, están dirigidas hacia:

- Su futuro.
- Sus cuerpos.
- Su familia e hijos.
- Su Instructor.
- Otras personas.
- El reino animal.
- Toda la Naturaleza.

Hay también tres componentes principales que responsabilizarán a una persona por sus fracasos o indiferencia:

1. Su Ángel Solar.
2. Su Instructor.
3. Su karma.

Cuando eres responsabilizado por el daño que causas respecto a una o a las siete responsabilidades, continuarás viviendo en el dolor y el sufrimiento hasta que empieces a desarrollar el sentido de responsabilidad.

El sentido de responsabilidad es muy importante. ¿Por qué? Porque es a través de éste que una persona puede hacer estas cosas:

a. Manifiesta su naturaleza divina.
b. Contacta con la divinidad en otros.
c. Ayuda a otros a descubrir su naturaleza divina y a expresarla.
d. Actualiza el Plan.
e. Coopera y se une con la Voluntad de Dios.

El sentido de responsabilidad se expresa no solamente con la acción sino también con la inacción. Se expresa en el habla y en el silencio; extendiendo la ayuda a alguien, o permitiéndole caer; animando a alguien, o desalentándolo; apoyando a alguien o retirando tu apoyo.

Las acciones de una persona Responsable

1. Él intenta proporcionar aquellas condiciones en las que sea posible el progreso de las personas. Estas condiciones pueden ser agradables o desagradables. Pueden ser condiciones físicas, emocionales, mentales o espirituales.
2. Despierta el fuego del esfuerzo.
3. Enseña el valor de los recursos naturales.
4. Trabaja contra la contaminación.
5. Enseña cómo ser inclusivo en la acción y en la consciencia.

El propósito de los Señores del Karma es enseñarnos a desarrollar el sentido de responsabilidad.

Nadie puede aprender y avanzar a menos que vea sincera y claramente sus propios errores y fallas. Cuando los vea, cooperará con los Señores del Karma para limpiar su cuenta.

Antes de que uno se enfrente al juicio de los Señores del Karma, debe intentar mirar hacia su Instructor. Un discípulo una vez me dijo: «Las flechas de un Instructor son mucho más beneficiosas para tu naturaleza que el bálsamo de tus amigos en tus heridas mortales».

Es cierto que las «flechas» del Instructor causan dolor y te molestan si no te estás esforzando hacia la perfección. Pero si lo estás haciendo, recibirás cada «flecha» como una invitación que te guía hacia la perfección futura.

La responsabilidad no puede darse a cualquiera. Ser responsable por algo es un regalo innato –un estado de consciencia. Sin embargo, alguien superior a ti te puede darte una obligación.

La responsabilidad siempre está en armonía con tu corazón y consciencia. El deber puede estar en contra de tu corazón y tu conciencia.

Un discípulo no debe aceptar ningún tipo de obligación que esté en contra de su consciencia. El sentido de responsabilidad se evapora de una persona cuando él está muy comprometido.

¿Qué pasa si una persona piensa que el deber que se le ha dado está en contra de su consciencia, cuando en realidad no lo está; ¿debe cumplir con su deber o dejarlo sin cumplir? Tomemos, por ejemplo, cuando tu deber en el ejército puede ser matar a un enemigo que podría estar relacionado contigo.

La respuesta es que una persona que ha desarrollado un sentido de responsabilidad sabrá exactamente si el deber otorgado es correcto o erróneo. Si es correcto, su obligación se llevará a cabo con un sentido de responsabilidad. Si es erróneo, su sentido de responsabilidad le hará rechazar la obligación.

El Sentido de Responsabilidad y el Ser Uno

En la Sabiduría Eterna leemos que solamente existe el Ser Uno, y que este Ser está en todas partes. Además, leemos que toda la existencia vive dentro de este Ser. Pero el concepto más interesante relacionado con el Ser Uno es que cada parte de ese Ser contiene potencialmente todo el Ser y todo lo que existe en ese Ser.

Estos conceptos encierran un tremendo poder. Si los tradujéramos en términos políticos, educativos, científicos y religiosos, entonces podrían cambiar la vida y todo lo que está sucediendo en todos los campos del quehacer humano. En el futuro, mejores pensadores de los que conocemos ahora vendrán e intentarán traducir estos conceptos de tal manera que los líderes de la humanidad consigan asimilarlos y ponerlos en práctica.

Un individuo puede usar estos conceptos mientras esté meditando, rezando o creando. La orientación de esta persona debiera ser la siguiente:

- El Ser –el originador de todo lo que existe– está dentro de mí.
- Mi meditación es para hacer que el Ser se revele a Sí mismo. Yo soy ese Ser, pero siento que estoy limitado por mi propia ignorancia y por mis propias acciones y pensamientos pasados.
- Medito para romper los muros de ignorancia y para hacer brillar mi divinidad y conscientemente ser el Ser Total.
- Mis oraciones no están dirigidas hacia algo de dentro o de fuera. En el Ser Uno no hay «fuera» ni «dentro» sino: «Todo-Está-Presente».
- Las estrellas más lejanas están dentro de mí. Las vidas más elevadas, los Ángeles están dentro de mí – porque todo está en el Ser.

Las burbujas flotan en el océano. Debe llegar el momento en que esa burbuja se convierta en el océano. La ignorancia de las personas es tan profunda que han creado «lo mío y lo tuyo», «lo nuestro y lo de ellos». Han dividido naciones, el planeta, las estrellas. Llevará tiempo traer de regreso la conciencia de la humanidad hacia el reconocimiento del Ser Uno.

La salvación de la humanidad vendrá solamente a través de la comprensión del Ser Uno –y, de una manera práctica, traduciéndolo en términos de la vida diaria y las relaciones.

El sentido de responsabilidad es el florecimiento de la consciencia del Ser Uno. Uno nunca podrá desarrollar un completo sentido de responsabilidad sin asimilar gradualmente el concepto del Ser Uno e intentar ponerlo en práctica en su vida diaria.

En su esencia última, el sentido de responsabilidad es el atributo del Ser Uno. Aquellos que empiezan a darse cuenta y comprender el concepto del Ser Uno gradualmente desarrollarán este sentido de responsabilidad.

Meditación sobre el Ser Uno

Esta meditación puede desarrollar tu sentido de responsabilidad y puede cambiar enteramente tu punto de vista sobre la vida en general y sobre tu vida en particular. Con el cambio de perspectiva viene un cambio en tus pensamientos, habla y acción.

Estos cambios afectan no solamente a tus relaciones con tus vehículos físico, emocional y mental, sino también tus relaciones con el mundo.

¿Cuál es el Ser Uno sobre el que comenzarás tu meditación? Solo para despertar tu imaginación creativa y dar un impulso importante a tus mecanismos mental y psíquico, podemos decir:

1. El Ser Uno es el origen «desde Quien todas las cosas proceden y a Quien todas las cosas regresan».

2. El Ser Uno está en cada átomo, en cada forma de vida. Puede que parezca que el Ser Uno está dividido, pero Él es Uno en todas las cosas.
3. Es la Luz y la fuente de la sabiduría en todos aquellos que tienen consciencia del Ser Uno.
4. Es bienaventuranza.
5. Es la vida y el impulso para progresar dentro de todo ser humano.
6. El alma humana y el Ser Uno son uno en esencia.
7. Todo lo que está en el Espacio, está en el hombre. Todo lo que está en el hombre, está en el Todo-Ser.
8. El Ser Uno es puro gozo y se manifiesta como pura **Luz**, pura **Compasión** y pura **Fuerza de Voluntad**.
9. Todo en el hombre que sea contradictorio a la **Luz**, la **Compasión**, el **Poder de Voluntad**, es el resultado de la ignorancia. **La ignorancia es un momento o una duración de tiempo en el que una persona piensa que es un ser separado y vive para los intereses del ser separado, olvidando el Ser Uno.** Este es un estado de pecado y es la causa del karma, del dolor y el sufrimiento.
10. El Sendero hacia el gozo es el sendero de sanar el pecado de separación.

La meditación sobre estos aforismos puede guiarte desde el mundo de las divisiones, dolor y sufrimiento al mundo del Ser Uno –gozo, luz, compasión y poder-de-hacer-y-de-ser.

Meditación

Antes de empezar, por favor, ten en cuenta: si has consumido drogas alucinógenas o marihuana en los últimos diez años, o si has sido hipnotizado o has tenido problemas mentales, no intentes esta meditación. De lo contrario, continúa como sigue:

a. Enciende una vela o imagina que has encendido una vela frente a ti mismo y dí:

La Luz es Una Luz en todas las cosas

b. Entona AUM tres veces, pensando que AUM es el Ser Uno y que estás haciendo sonar el AUM en el Ser Uno.
c. Medita sobre uno de los aforismos dados arriba durante quince a treinta minutos.
d. Repite diez veces:

Oh, Ser-revelado Uno
Revélate en mí.

e. Luego dí cinco veces:

Que el Ser Uno Se revele a Sí
mismo en la humanidad.

f. Guarda silencio durante unos minutos y con cuidado empieza a involucrarte en tus obligaciones y responsabilidades diarias.
g. Durante el día, toma nota cuando destellos de sabiduría, nuevas direcciones y nuevas percepciones interiores lleguen a tu mente en relación al sentido de responsabilidad.

II

EL RECONOCIMIENTO DE LOS OTROS

El sentido de responsabilidad es el cimiento de las relaciones humanas. Un sentido de responsabilidad en una persona es un indicio de que está avanzando hacia logros espirituales. Sin un sentido de responsabilidad, una persona no tiene dirección ni utilidad. En este caso, otros no pueden beneficiarse de lo que alguien tiene en su corazón y su mente, porque el sentido de responsabilidad es el que causa que una persona use su cuerpo, emociones, mente y vida de forma constructiva, como una herramienta para elevar las conciencias de los demás y como una herramienta para crear rectas relaciones humanas. Un gran Instructor una vez dijo que la primera señal de que una persona está despertando a la realización espiritual es la presencia en ella del sentido de responsabilidad.

La responsabilidad se basa en la palabra que significa «capacidad de respuesta». No hay responsabilidad si no respondes a las cosas. La capacidad de respuesta es el registro de los pensamientos, sentimientos, motivos, circunstancias y condiciones de las personas. Cuando empiezas a responder a estas cosas y cuando discriminas entre tus respuestas, te sientes más responsable de las acciones, pensamientos y forma de vivir de las personas. La capacidad de respuesta crea en ti un sentido de unidad con otras personas y con la Naturaleza. Cuando no puedes ver los árboles, no puedes responder a su belleza. Si no ves ríos y montañas y no escuchas el hermoso canto de los pájaros, no puedes responder y sentirte uno con ellos.

La capacidad de respuesta es el primer paso que te pone en contacto con otras existencias, causando que te sientas uno con ellos. Por ejemplo, cuando te sientas receptivo, entenderás a tus amigos y miembros de tu familia mejor. A medida que comprendes, analizas más y eventualmente conoces mejor a la persona. La capacidad de respuesta es un mecanismo que te acerca a eso a lo que tú estás respondiendo. Digamos que hay una enseñanza a la que tú respondes. Cuando respondes a ella, esa enseñanza te absorbe y tú absorbes la enseñanza, eventualmente haciéndote uno con ella. A través de la capacidad de respuesta sientes que tienes una participación en todo lo que está ocurriendo en el mundo.

Cuando te haces más receptivo en tu hogar, te das cuenta de que participas en la responsabilidad de aquello en lo que tus hijos se convierten -bueno o malo. Primero das un cuerpo al niño. Con tu comportamiento, pensamientos y emociones, das a tus hijos, marido o esposa un tipo particular de ambiente. Años más tarde puede que sientas que, dado que actuaste y pensaste de cierta manera, sentiste, reaccionaste y respondiste de determinado modo, los niños se han convertido en los tipos de persona que son. Cuando sientes esto, te vuelves responsable. Por lo tanto, tomas acciones para corregir las cosas que hiciste erróneamente, o cambias tus acciones para crear un resultado mejor.

Por un lado, tomaste un cierto tipo de acción. Por otro lado, sabes que debiste haber tomado una determinada acción, pero no lo hiciste. Te sientes responsable por cada una de esta serie de circunstancias. Por ejemplo, tu hijo o amigo quería tu amor y respeto, pero no se lo diste. En su lugar, le ignoraste y no te sentiste responsable por lo que él podría ser en el futuro. O puede que hayas consumido drogas, peleaste o maldijiste. Esto creó un niño que se volvió casi idéntico en carácter a ti. Te sientes responsable de los resultados, creando de este modo un vínculo de unidad, sintiéndote uno con los otros a través de tu capacidad de respuesta.

En el tercer caso, hay un sentido de capacidad de respuesta en el que sientes los talentos de otros. Si no respondes a sus talentos, los talentos se «congelan». Por ejemplo, una chica hermosa intentaba ser bailarina. Sus padres se mostraban muy fríos en relación a su danza. Ellos no respondían a sus talentos. Ella se sentía frustrada y usó sus talentos de forma destructiva. La madre y el padre dijeron: «No hicimos nada. No le dijimos que bailara o dejara de hacerlo. Ella es responsable de su condición, no nosotros». Pero en un sentido sutil sus padres eran responsables, porque ellos no vieron su talento; no le animaron a trabajar y nutrir sus talentos. A causa de ello, esa chica usaba sus talentos destructivamente. Se puede extraer una ley de esto: **Cuando no reconoces los talentos de los demás, provocas que usen sus talentos de forma destructiva.**

La mayoría de los problemas en nuestras familias y amistades radica en una falta de capacidad de respuesta y de responsabilidad. Una vez que respondes a los talentos de otra persona, te sientes responsable de cultivar y motivar aquellos talentos. Ayuda a esa persona para manifestar sus talentos. **Solamente reconociendo los talentos de otros y trabajando con ellos para manifestarlos y cultivarlos, es**

que encuentras los correspondientes talentos durmiendo dentro de ti para traerlos a la superficie.

Por esta razón, los celos, el odio y la indiferencia son tipos de pecados y crímenes. Por ejemplo, quizá yo conozca tus talentos, pero no respondo a ellos; reacciono a ellos. Cuando reacciono, esto convierte tu positivismo en negatividad, y comienzas a usar tus talentos destructivamente. Si analizas los problemas en tu entorno, en tu hogar, tu comunidad, tu iglesia o templo, donde quiera que estés, verás que este factor juega un rol muy importante en las relaciones interpersonales.

¿Hasta qué punto has reconocido talentos en los demás? ¿Has descartado realmente tus celos y te has dedicado a «regar y alimentar» los talentos de otros y ayudarles a que los manifiesten? Si haces esto, verás que los talentos correspondientes dentro de ti empiezan a florecer y expresarse. Solamente aquellos con talentos pueden reconocer el valor de los talentos de los otros. Una vez más, es sólo a través del reconocimiento de los talentos en los demás que puedes reconocer los talentos dentro de ti. Solamente de esta forma puedes apreciar aquellos talentos dentro de ti.

Hay cinco pasos para el reconocimiento de tus propios talentos o los talentos de los otros:

1. ***Dando una consideración valiosa a aquellos con talento.*** En una ciudad de Oriente Medio vivían un poeta, un violinista y un pianista. Mensualmente, ellos recibían cientos de cartas expresando el reconocimiento de sus talentos, elogiando su belleza. Eventualmente se formaron comités en la ciudad para celebrar los aniversarios de aquellas personas talentosas. Se ofreció un gran banquete para cada uno de los artistas. Cuando éstos vieron el importante número de personas que los apreciaban, se sintieron diferentes en relación a sí mismos y su arte.

La apreciación, el reconocimiento y la capacidad de respuesta extraen de tu corazón la gloria y el talento. Pero si no se reconocen tus talentos, lentamente te disipas y ya no das valor al talento que tienes o a lo que eres.

Cuando las personas reconocen tu valor, tú a su vez reconoces tu valor. Pero si ves que las personas no están reconociendo tu valor, lentamente lo niegas. Por esta razón vivimos en comunidades.

Si eres muy apreciativo de los pájaros de las primeras horas del día, quizás pienses que simplemente los estás apreciando. En realidad, tu actitud y capacidad de respuesta a aquellos pájaros construye un vínculo entre ellos y tú. Una corriente eléctrica viaja desde ti hasta los pájaros. Puedes comprobar esto. Cuando un pájaro canta cerca de ti, y tú estás indiferente, él se esfumará. Pero a medida que aprecias a ese pájaro, vendrá cada mañana y cantará para ti. Al cantar, está extrayendo un tipo de energía que necesita y a su vez te proporciona la energía que necesitas. Los seres humanos son exactamente del mismo modo.

Muchas personas pasean por la mañana temprano y ven flores hermosas. Puede que las aprecien. Pero cuando se trata de apreciar a miembros de su familia, estas mismas personas son ¡como pescado congelado! Por ejemplo, dicen cosas como: «No me importa si estás cantando, estudiando ballet o escribiendo poesía; simplemente quiero que trabajes y hagas dinero». Esa persona terminará perdiendo su sentido de valía, llevándole a acciones criminales. Esto todavía no ha sido investigado. Una vez pregunté a un criminólogo por qué pensaba que las personas se volvían criminales. Él respondió: «A causa de sus genes, ambiente y así sucesivamente». Dije: «Ellos se hacen criminales porque no les das reconocimiento». Puedes ver esto en tus hijos. Ellos hacen muchas cosas molestas solamente por una razón: obtener reconocimiento. Ellos quieren sacar la belleza de su interior. Están «embarazados» de ella, pero no hay médico o enfermera que la ayude a dar a luz. El reconocimiento es el «médico» y la «enfermera».

El chisme, la calumnia, la crítica, la desvalorización y cosas similares son simplemente lo opuesto a la valoración; congelan el talento y lo empaquetan. Estos tipos de acciones rechazan y repelen los talentos de aquellos que van a florecer. Ellos comienzan a encogerse, cerrándose y convirtiéndose en seres humanos inútiles.

Todo talento es un reservorio de energía. Esta energía puede usarse constructiva o destructivamente. La mayoría de los criminales son muy talentosos, pero han invertido su engranaje. Han empezado a vengarse de aquellos que no reconocieron sus talentos. Este es el lado más profundo de su psicología. He visitado prisiones y hablado con muchas mujeres y hombres jóvenes. Cuando les pregunto: «¿Por qué hiciste aquellas cosas?», a menudo me responden que odiaban a su madre, padre, hijos, porque no reconocieron algo en ellos. Por este motivo, cometieron todo tipo de crímenes.

Si una persona no obtiene capacidad de respuesta ni reconocimiento por parte de su familia en el hogar, le resulta más difícil tener éxito. Ella se aflige, se vuelve negativa, repulsiva y actúa como si odiara ser respetada y reconocida por la gente, porque sus padres o amigos bloquearon inicialmente su talento. Tal persona haría todo tipo de actos antisociales porque no fue respetado.

Esto se demostró en *Hiawatha y la Gran Paz*[4]. Atatarho, un hombre con cabeza de serpiente, estaba en contra de la

4. Torkom Saraydarian, *Hiawatha and the Great Peace*, capítulo 12, págs. 63-66, versión inglesa (Sedona, AZ: Grupo Educativo Acuariano, 1984).

unidad, armonía y cooperación. Hiawatha y sus amigos no le criticaron. En su lugar, queriendo reconocer su belleza y talento, empezaron a cantar sobre su belleza y cómo podía ser un gran líder. Eventualmente, Atatarho se convenció y se convirtió en líder de cinco naciones.

2. *El segundo paso es la apreciación.* La apreciación ocurre cuando empiezas a explicar a los demás cómo sus talentos harán grandes cosas en el mundo. Por ejemplo, podrías decir a una chica que tiene cualidades artísticas: «Si te mantienes en buenas condiciones y eres seria con tus estudios y disciplinada, serás una bailarina, escritora o cantante, y eventualmente el mundo recibirá alegría, salud y felicidad de ti. Tus talentos pueden elevar tu conciencia».

3. *El tercer paso es la motivación.* ¿Cómo puedes motivar a las personas? Digamos que ves a un músico, un pintor, o una persona social o políticamente talentosa. Si no se pueden permitir una educación, puedes darles ayuda financiera. Te sientes responsable por sus talentos. En todos los países hay millones de chicos y chicas jóvenes que no pueden conseguir una educación superior, y hay muchos millonarios que nunca han pensado enviar a estos jóvenes a las universidades. No se sienten responsables. Por eso, tenemos millones de vagos en las calles. Muchos de ellos tienen talento, pero son gente frustrada. Las autoridades y las personas acaudaladas deberían pensar en estos chicos.

Estuve de visita en el extranjero y conocí a una mujer que junto a su marido y otras dos mujeres habían abierto un orfanato. Estaban reuniendo jóvenes necesitados de muchos países y llevándolos al orfanato. La mayoría de ellos habían sido niños malnutridos, enfermos, miedosos, desconfiados y con mal comportamiento cuando llegaron por primera vez. Pero a los tres o cuatro años, muchos de los niños mayores se estaban convirtiendo en excelentes músicos, abogados, artistas, médicos y otro tipo de profesionales.

El secreto del éxito de los fundadores ha sido una facultad compuesta de personas que continuamente reconocían los talentos de los niños e inyectaban esperanza y visiones futuras en ellos. Con el tiempo, toda la escuela ha empezado a florecer. En lugar de pensar que ellos eran casos perdidos, abandonados o dejados de lado en la vida, los jóvenes han empezado a pensar en términos de seguridad y una oportunidad de ser alguien con éxito. Cuando sus talentos empezaron a desarrollarse, su fe y confianza en ellos mismos empezó a incrementarse. Se ha ayudado hasta ahora a dos o tres mil huérfanos que habían sido abandonados en las calles.

El orfanato empezó porque sus fundadores respondieron a una necesidad. Ellos sintieron que quizás sus pensamientos, emociones, actividades y acciones pasadas, de alguna forma habían contribuido a hacer que estos niños fueran huérfanos. Ellos querían hacer algo para ayudar a la humanidad. Se sintieron responsables.

4. ***Puedes ofrecer tu tiempo a otros.*** Un niño de nueve años vino a mi casa un día, y mientras yo estaba tocando el violín, se sentó como una estatua durante varias horas. Cuando dejé el violín, él me preguntó si podía tocarlo.

–¿Te gustaría aprender a tocar?

–Sí –respondió–, pero mi padre y mi madre no quieren que aprenda y no tienen dinero para ello.

–Tengo un violín que puedes usar –le dije.

Se puso muy feliz y comenzó a venir todos los martes y jueves para las lecciones. En dos o tres meses, él leía las notas muy bien y tenía un buen oído para la música. Pasó luego a formarse con profesores más avanzados y conocidos, y con el tiempo se convirtió en uno de los principales violinistas de Europa.

Cuando volvió al país en el que yo estaba viviendo en ese momento, dio un concierto –al que yo asistí– para varios miles de personas. Él interpretó muy bien, sin ser consciente que yo estaba entre la audiencia. Las personas aplaudieron muchas veces, pero con lágrimas en los ojos, dijo: «Ojalá estuviera aquí mi primer maestro». Luego empezó a contar la historia. Finalmente, le saludé con la mano desde el auditorio. Vino corriendo para abrazarme y, con lágrimas en los ojos, dijo: «Es el mayor honor y alegría verle aquí en este concierto». Ese tipo de alegría no se puede comprar con dinero. Ese tipo de alegría sólo se puede conseguir dando una oportunidad a estos talentos para que se desarrollen, y siendo sensible y responsable hacia los talentos de los demás.

Cuando veo un hombre o una mujer, una chica o un chico, que empieza a expresar sus talentos en cualquier campo, lo apoyo. Si es posible y si puedo inspirarle, le doy tiempo y ayuda para superar dificultades y para que continúe con su creatividad.

5. ***Si puedes, comparte tu experiencia, tu aliento, tu inspiración, tus impresiones con los demás.*** Motivar significa tomar parte activamente en el desarrollo y éxito de otra persona. Si tienes hijos, y no estás reconociendo sus talentos, estás creando dificultades futuras en su vida.

¿Qué ocurrirá si reconoces estos talentos? Los efectos del reconocimiento desarrollarán similarmente talentos dentro de ti. Te entusiasmarás con ellos. En un viaje a Londres, visité una iglesia. Uno de los sacerdotes dijo:

–Debe venir conmigo esta noche para ver y escuchar la interpretación que un niño armenio de nueve años hace de Tchaikovsky y Beethoven.

Fuimos a la presentación, donde todos enloquecieron con la interpretación del niño. Pedí conocer a su padre para decirle:

–Usted tiene un hijo talentoso, un genio.

–Si quiere visitar a mi hijo, venga a nuestra casa esta noche.

Fuimos a su casa esa noche. Inmediatamente tras nuestra llegada, el niño empezó a jugar y revolcarse con su gato. Se estaba comportando como un simple niño. Le pregunté:

–¿Puedes tocarnos algo en el piano para nosotros?

–¿Usted realmente quiere que lo haga?

Le hacía muy feliz que alguien apreciara su talento. Tocó muy bellamente.

–¿Cómo aprendiste a tocar así?

–Esa es una pregunta tonta. Yo lo sé –apuntó a su cabeza–. Todo está aquí. Veo las notas aquí.

Él no interpretaba con partituras. Pregunté a su padre:

–¿Cómo empezó a tocar de este modo?

–Teníamos un viejo piano. Él agarraba las patas de su gato, y ambos tocaban el piano. Le escuché tocar, y le dije que había un gran músico dentro de él. Desde ese día en adelante, él creyó que era un gran músico. Las cosas que estaban dormidas dentro de él salieron a la superficie, de repente.

Luego de que el chico recibiera reconocimiento internacional, su padre empezó a hacer esculturas. Me dijo:

–Nunca he hecho esto antes, pero algo se abrió en mí y he empezado a crear esculturas.

Observé diez o quince de sus tallados, y eran absolutamente obras maestras.

De esta experiencia y otras similares, aprendí que cuando alientas los talentos de los demás, hay un efecto sobre ti. Evocas sus talentos, y también evocas los talentos dormidos dentro de ti. Por esta razón decimos que **solamente las grandes personas pueden reconocer la grandeza en los demás.** Aprende a ser receptivo en lugar de criticar, desvalorizar, rechazar, acusar y ser envidioso. Estas expresiones negativas bloquean las posibilidades de tus talentos y provocan que se sequen dentro de ti. Cuando rechazas los talentos de los demás, destrozas los talentos que tienes dentro de ti.

Un día, estaba tocando el piano, y una chica que estaba escuchando se puso muy celosa; lo sentí. A medida que se desarrollaron sus celos, eventualmente perdió los talentos que una vez tuvo. Desarrolla reconocimiento y capacidad de respuesta, y siéntete muy feliz de que otros sean tan hermosos y felices. Haciendo esto, cultivas y liberas el genio dentro de ti que está esperando el momento adecuado para liberarse.

Cuando dices a alguien: «Eres realmente hermoso», psicológicamente y en realidad dices esto porque quieres sentir tu propia belleza, reconociendo la belleza en los otros. Es una forma de usar a los demás como un espejo para verte. La mayoría de las personas son entrenadas para actuar de la forma opuesta. Se les dice que odien a los demás, que los maten, rechacen e ignoren, porque pertenecen a una nación determinada, a una religión o culto concreto, y cosas similares. Estas personas encontrarán cualquier razón para decirte que no reconozcas los talentos de los demás. Pero si no los aprecias, no serás nada ni nadie.

¿Por qué glorificamos a Dios? Ni siquiera vemos a Dios, así que ¿por qué pensamos que Él es tan hermoso, tan grande, tan omnisciente y omnipotente? Porque haciendo esto, somos conscientes de cualidades similares dentro de nosotros. **Es un acto de auto-desenvolvimiento.** Hablamos como si Dios necesita nuestras oraciones. Él sabe antes de que abramos nuestra boca lo que necesitamos. Él no tiene tiempo de escuchar toda la «basura» que las personas están diciéndole. Él sabe.

Para recapitular, la palabra responsabilidad se base en la idea de **capacidad de respuesta**. Nadie puede sentirse responsable si no responde a personas o a acontecimientos, ideas o planes. Para ser receptivo, uno debe haber incrementado la sensibilidad o el poder de registrar impresiones. Cuando una persona tiene la sensibilidad necesaria, se vuelve receptivo a situaciones, condiciones, personas, así como a sus emociones y pensamientos.

La capacidad de respuesta se convierte en responsabilidad solamente cuando las personas comprenden que tienen su propia cuota de responsabilidad en lo que está ocurriendo en su entorno. Usualmente esta toma de conciencia viene cuando ella entra en contacto con su Instructor o Guía Interior.

El sentido de responsabilidad se siente cuando alguno o todos de los siguientes aspectos ocurren:

1. Cuando fallas al tomar las acciones que debías haber tomado.
2. Cuando realizas las acciones equivocadas.
3. Cuando te sientes responsable tanto del bienestar como de las carencias de los otros.
4. Cuando respondes a las cualidades de los demás y te sientes responsable de despertar, cultivar y hacer que los otros transformen estas cualidades.

La capacidad de respuesta y el sentido de responsabilidad para provocar, evocar ciertas cualidades existentes en otros, así como la necesidad de traducirlas, merecen una discusión más profunda. Muchas personas reaccionan o responden a ciertas cualidades latentes en otros. Responder significa que la persona está siendo receptiva. La capacidad de respuesta extrae cualidades latentes de otros y las trae a la manifestación.

Si percibes o reconoces talentos en las personas, puedes ayudarles a crecer, incrementar el talento y manifestarlo. Sin embargo, cuando eres indiferente, frío e insensible a los talentos de los demás, estos talentos no sólo dejan de incrementarse y manifestarse, sino que también se desvanecen.

La capacidad de respuesta implica un reconocimiento de los talentos de otras personas. La responsabilidad es el trabajo activo para hacer que aquellos talentos se manifiesten. Esto a su vez posibilita que tus talentos se expresen en la misma medida y con más abundancia.

Los pasos hacia la adquisición de capacidad de respuesta son los siguientes:

1. Reconocimiento de los talentos de los demás.
2. Estímulo y provisión de la ayuda necesaria para facilitar la expresión de los talentos de los demás.
3. Apreciación.
4. Esfuerzos para reconocer talentos similares existentes dentro de ti.
5. Esfuerzos para manifestar o traducir tus talentos.

Echemos un vistazo a cada uno de estos puntos brevemente. ***Primero***, uno necesita cierto grado de pureza respecto a los celos y una ausencia de vanidad para reconocer los talentos de los demás. Este a menudo no es el caso. En su lugar, hay celos, rechazo y reconocimiento negativo. Estas acciones hieren a las personas y congelan sus talentos. A veces, puede que no queramos reconocer abiertamente los talentos de los demás, aun cuando los veamos. Pero si fuéramos capaces de reconocer los talentos de los otros de una manera amorosa, también permitiríamos reconocer nuestros propios talentos.

El reconocimiento es como los primeros rayos del sol, tocando las semillas de los talentos que existen en los otros.

Segundo, el ofrecimiento de estímulo y la proporción de la ayuda necesaria para facilitar la expresión de los talentos de otros, se puede llevar a cabo de las siguientes maneras prácticas:

a. Dando dinero.
b. Ofreciendo tu tiempo.
c. Ofreciendo tus propios talentos.
d. Ofreciendo un local.
e. Ofreciendo tu experiencia.

Éstas permitirán a una persona hacerse cada vez más exitosa y hacer que sus talentos sean más efectivos.

El ***tercer*** paso es la apreciación. Puedes apreciar los talentos de los demás verbalmente. Puedes hablar sobre la buena influencia que sus talentos están trayendo a los demás y el efecto en sus vidas. Puedes mostrarles lo que ves en su talento y explicarles los puntos sutiles y excepcionales, la belleza que están dando a la humanidad.

El ***cuarto*** consiste en los esfuerzos realizados para reconocer los talentos similares que existen dentro de ti mismo.

Quinto, deben darse esfuerzos para manifestar o traducir tus propios talentos. Una vez más, la mejor forma de cultivar tus talentos es apreciar los talentos de los demás. Apreciando los talentos ajenos, gradualmente eliminas la vanidad y los celos de tu naturaleza. Algunas personas hacen justo lo contrario. La vanidad y los celos crean condiciones en ti en las que o bien tus talentos no crecen ni se manifiestan creativamente o bien se convierten en métodos para diseminar veneno, fealdad y egoísmo en el mundo.

Debes sentirte responsable hacia los demás e intentar evocar sus talentos y ayudarlos a que se manifiesten creativa y constructivamente. Si no eres sensible a sus talentos, éstos se manifestarán negativamente. Muchas personas talentosas usan sus talentos destructivamente, o los ignoran por completo, cuando éstos no están fertilizados ni regados por sus padres, amigos y otros.

Los padres son responsables cuando sus hijos usan destructivamente su tiempo, energía, mente y cuerpo. Los hijos harán esto porque en el momento adecuado los padres no respondieron a los rayos de los talentos de sus hijos. Lo mismo es verdad para las personas en general, en sus relaciones con amigos, miembros de la familia y colegas de trabajo. Todos somos responsables unos por otros.

A menudo los criminales y las personas problemáticas son personas talentosas que fueron rechazadas por los demás. Las personas talentosas necesitan reconocimiento y apreciación para crecer y florecer de la forma correcta. Nuestro reconocimiento y aliento se utilizan como fertilizante y lluvia para los talentos ajenos.

Recuerdo cuando publiqué mi primer libro *El Imán de la Vida (The Magnet of Life)*[5]. Una chica compró cien copias y las distribuyó entre sus amigos. Yo estaba muy feliz y entusiasmado; de repente me sentí como si yo tuviera talento y, a causa de su apreciación, fui más capaz de reconocer ese talento.

---

5. El titulo fue cambiado luego por *The Hiden Glory of the Inner Man (La Gloria Oculta del Hombre Interior)*, por Torkom Saraydarian (Sedona AZ; Grupo Educativo Acuariano, segunda edición revisada, 1985). Pueden encontrarlo en nuestra Editorial Dagón.

En otra ocasión di una conferencia en un inglés muy mediocre; me sentí muy avergonzado. Unas pocas personas vinieron después de la conferencia y dijeron: «Esperemos que no esté preocupado por su inglés. Nos dio tantas nuevas ideas que estamos abrumados. Incluso con su inglés limitado nos atrae». Estos ejemplos me dieron ánimos y activaron y despertaron mis talentos. Estoy muy agradecido a las personas que me dieron su apoyo.

La irresponsabilidad, que es lo mismo que ser insensible a los talentos de los otros, congela los talentos ajenos sin atacarlos directamente. Eres responsable por los campos de flores que florecen y por los campos de flores que mueren antes de brotar. Es un crimen mostrar indiferencia o expresar cualquier ataque al talento debido a los celos, el miedo o la vanidad.

Es un crimen más grave aún no ver, reconocer o apreciar los talentos de los demás. La falta de capacidad de respuesta a los talentos ajenos es una señal de que:

a. El corazón de una persona está muerto.
b. La persona se dedica a acciones destructivas.
c. Su karma pasado ha cegado su visión y reconocimiento.
d. Él mismo carece de talento.
e. Está obsesionado o poseído por aquellos que están contra el progreso y la belleza.

La capacidad de respuesta y la responsabilidad no solamente incrementan la Belleza, la Bondad, la Rectitud, la Alegría y la Libertad en el mundo, sino que también son los mejores medios de transformar nuestra propia vida e invocar muchas posibilidades latentes provenientes de nuestro Núcleo.

La capacidad de respuesta y la responsabilidad son señales de que uno está teniendo contacto y una relación con su

Guía Interno, con el Plan, con la Jerarquía, incluso con la Torre. Cuanto más elevado sea nuestro contacto consciente, más profundo será nuestro sentido de responsabilidad.

Una persona irresponsable vive en su propio caparazón, para sus propios intereses insignificantes, y no tiene oportunidad de entrar en contacto con los Centros o la gente que viven en dimensiones superiores, que están en posiciones de mayor responsabilidad y con obligaciones más grandes.

Hay personas que tienen grandes talentos o son genios quienes, a pesar de la indiferencia, frialdad y distintas formas de ataque, continúan con su creatividad y alcanzan grandes alturas. Estas personas tienen su fuente de inspiración en los Mundos Superiores. Animadas por los Grandes Seres y apreciadas por Ellos por su labor creativa, serán inmunes a los intentos de desanimarlas. Cuando una persona creativa tiene contacto con los Mundos Superiores, toda la indiferencia mundana hacia su trabajo y los distintos ataques les hacen alcanzar mayores profundidades de creatividad y tiemplan su carácter. Esto se hace de tal forma que en futuras encarnaciones ellos producen mayores frutos de su trabajo.

A menudo durante su vida estos genios no son reconocidos. Pero después de su muerte, incluso veinte o cien años más tarde, son reconocidos como grandes personas creativas y su trabajo empieza a divulgarse y ser amado por millones de personas.

No es fácil ser reconocido en los Mundos Superiores y ser inspirado por los Grandes Seres. Uno debe trabajar duro y demostrar sus talentos y su naturaleza abnegada. Primero debe ser reconocido y amado por su servicio; luego, en otra encarnación, será reconocido por los Mundos Superiores.

Hay grandes genios que son amados y reconocidos tanto por la humanidad contemporánea como por los Mundos Superiores. Pero existen aquellos que encarnan, por distintas razones, antes de tiempo para la conciencia de la época. Estos son los ignorados, atacados e incluso perseguidos. La sociedad raras veces acepta a aquellos que han nacido antes de su tiempo.

Usualmente se efectúan preguntas en relación a la responsbilidad. Aquí hay algunas de estas preguntas y sus respuestas:

Pregunta: *Si tienes grandes expectativas acerca de alguien y luego te decepciona, ¿cómo abordarías la situación de tal manera que la persona no tome tu desilusión como crítica?*

Respuesta: Si yo sé que tú solo tienes un dólar en tu bolsillo, pero te empiezo a decir que tienes diez mil dólares, perderás la fe en mí y mi capacidad de respuesta dejará de afectarte. Yo no existo, por así decirlo. Es muy sutil. La manera de manejarlo es hablar con términos precisos y decir: «Tienes un grado de talento y necesitas desarrollarlo diez mil veces. Vamos a trabajar juntos. Estás haciéndolo muy bien; simplemente avanza una pulgada más, una pulgada más». La adulación es perjudicial; es el mejor método para quebrar tu confianza en los demás. Si una persona te adula, rápidamente dejarás de creer en él. Pero si te desafía, aun cuando seas lastimado, confiarás en él porque sabes que estabas equivocado y él tenía razón. Él no dudó en sentir dolor y causarte dolor por la verdad y la realidad que él vio. Puedes confiar en tal persona. Por otra parte, si una persona dice: «Todo es hermoso y está marchando bien», piensas, «es maravilloso escuchar esto que proviene de tu boca, pero no es la realidad». Después de esto, pierdes tu esperanza y tu fe.

Pregunta: *¿Cuál es tu respuesta cuando las personas te menosprecian?*

Respuesta: Primero, debes vivir tu vida para que las personas no se atrevan a menospreciarte. Segundo, debes tener la confianza y la firme convicción de que tienes luz y amor divinos dentro de ti, que ellos no están viendo. Si tienes confianza en ti mismo, no importa lo que las personas piensen, incluso con mucha dificultad terminarás haciendo un avance. Por ejemplo, una mujer que es una pintora talentosa ha creado cientos de pinturas, pero nadie las compra ni nadie reconoce su talento. Ella lentamente se enfriará y abandonará la pintura por completo. Su sentido de autoestima es importante aquí.

Pregunta: *Siempre pensé que era bueno no ser reconocido porque eso desharía el ego.*

Respuesta: El ego no se desarrolla si eres sincero y si tienes una forma apropiada de aproximarte. Pero si empiezas a adular a las personas, ellas creerán que estás esperando cosas de ellos, que estás engañándolas, y que vas a explotarlas, manipularlas y abusar de ellas. Pierden su confianza en ti. Pero si dices: «Tienes una bella voz. Realmente creo en tu talento», y si crees en ello con toda sinceridad, la persona que recibe tu cumplido actúa de forma distinta. Quizás ella sepa que tiene una bella voz, pero puede que tenga solamente un diez por ciento de fe en sí misma. Pero si diez personas le dicen: «Tu voz es realmente hermosa», se convertirá en una persona totalmente diferente. Ella lo creerá ahora. Habrá visto su voz reflejada en la conciencia de los demás. Puedes destruir a una persona diciéndole repetidamente que es tonta. Matarás el talento que tenga en su interior. El ego[6] se desarrolla cuando no tienes un talento real.

Pregunta: *¿Qué es lo que algunas personas tienen que les capacita para tener éxito sin importar cuantas adversidades tienen en sus vidas?*

Respuesta: Es probable que en el pasado ellas tuvieran una experiencia de tensión acumulada que no puede ser destruida por circunstancias normales. Son personas muy especiales. Hemos estado hablando generalmente sobre pequeños talentos que una persona intenta desarrollar. Pero una vez que te has convertido en un roble, nadie puede agitarte.

El mal no reconoce los talentos de los demás. Solamente la belleza reconoce la belleza. La fealdad no puede reconocer la belleza.

Pregunta: *¿Qué se puede hacer para ayudar a alguien que ya se ha frustrado y ha sido triturado por la crítica y las circunstancias?*

Respuesta: Puedes ayudarle ganándote primero su amistad y nunca hablando de sus talentos. Luego, a través de la amistad, ganas su confianza y eventualmente hablas sobre talentos en pequeñas dosis. De esta manera, no hay reacción asociativa. Esta es una ciencia que debe ser abordada muy cuidadosamente.

Había una joven actriz y cantante que, en una de sus películas, besó a unos cuantos hombres. Después de ver la película, su padre dijo: «No puedo aceptarte en mi casa. ¿Por qué estabas besando a aquellos hombres?». Ella respondió: «Papa, era parte de la interpretación. No era real. Incluso odio hacerlo, pero estaba en el guión». El padre

6. N. del T.: Se hace referencia al ego (con minúscula) como vanidad y debilidad de la personalidad, a diferencia del Ego con mayúscula, que esotéricamente se refiere al Alma.

aun así la rechazó y la obligó a dejar el hogar. Durante tres o cuatro años ella tuvo una vida de muy bajo nivel. Entonces, un día ella vino a mi consultorio. Ella tenía mucho talento. Incluso su andar, así como su voz, eran una expresión de su talento. Pero inicialmente no mencioné sus talentos. Un día, cuando ella vino para recibir consejo, fingí que estaba deprimido. Estaba actuando de forma muy convincente para parecer deprimido y dije: «¿Puedes cantar algo para mí? Me siento fatal». «¡Oh, no!», fue su primera reacción. Yo había tocado su herida. Luego empezó a llorar y sentir agonía. Dado que ella me respetaba, al final dijo: «De acuerdo, cantaré para ti». Mientras cantaba, sus lágrimas lavaron su dolor. Unos pocos días más tarde ella empezó a cantar de nuevo y retomó su carrera. Cuando ella cantó para mí, rompió los bloqueos, se reveló a sí misma y fue capaz de empezar a actuar y cantar de nuevo. Le di alas para intentarlo de nuevo, pero solo pude lograrlo después de haberme ganado su confianza.

Si una persona está herida, no te puedes acercar a ella o a sus talentos directamente. Ni tan siquiera necesitas hablar de ello durante un año o más. Solo entabla la amistad y luego, un día, descubre una manera de abrir esa puerta cuidadosamente. Esta capacidad es el resultado de la sensibilidad. No es lógica o razonamiento; no puedes penetrar en el laberinto del pensamiento de esa persona. Es tan complejo que cualquier «cable» que toques en su sistema puede crear una reacción. Debes encontrar intuitivamente qué es lo correcto que debes hacer.

Vamos a vivir con el sentido de responsabilidad a nuestro alrededor. Por ejemplo, si uno de vosotros hace algo terrible, yo no os culpo mucho. En su lugar, me culpo a mí mismo y digo: «¿Dónde perdí una oportunidad de ayudarle?». Eventualmente, puedo encontrar un momento donde no hice algo que podía haber hecho, o que no debí haber hecho algo que hice. A veces, no reconozco el talento que una persona tiene.

La vida responsable es totalmente diferente de cómo estamos viviendo ahora. A diestra y siniestra derribamos a la gente con críticas, diciendo: «Él no es bueno. ¡Sus orejas son demasiado largas, su nariz está torcida y sus ojos son cuadrados!». Matamos los talentos que están dormidos en los demás.

Mi padre me dijo una vez: «Todo ser humano tiene a la divinidad dentro de sí mismo y esa divinidad puede ponerse en acción **solamente** a través de la admiración». Debes mostrar tu admiración por los demás, diciéndoles con sinceridad cuán valiosos son. ¿Hacemos esto? Nuestra política y nuestra educación no nos enseñan esto. La política dice: «Destrúyelos». La economía dice: «Gana dinero, aunque pises sus cabezas». La educación dice: «La clave del éxito es la competición. Aprende cómo luchar en la vida». Gradualmente estamos reversando aquellas actitudes al reconocer la belleza en los otros. Si quieres tener más éxito, haz que los otros lo tengan. Si quieres ser más bello, provoca que los demás sean más bellos.

III

EL GUARDIÁN DEL HERMANO

Hay tres tipos de hermanos. Uno es el hermano de sangre. El segundo es un miembro de un grupo religioso o fraternidad. El tercero es cualquier hombre o mujer que acepte la idea de que el Creador es nuestro Padre y que somos una familia.

La palabra «guardián» es muy significativa, y puede ser vista desde muchos ángulos. Un tipo de guardián «mantiene» tus tesoros a salvo. Otro protege tu reputación o tu vida. Otro te cuida para que crezcas y tengas una vida feliz y saludable. Incluso otro te protege del peligro y te guía hacia el éxito, la prosperidad y la libertad.

Un padrino es un «guardián». Se le confía al niño recién bautizado. Si es el padrino de un matrimonio, también es un «guardián», dado que es responsable de la felicidad de la pareja y es quien les aconseja.

El término «guardián del hermano» es una expresión muy significativa. Si las personas enfatizan el ser guardianes de sus hermanos, pueden desarrollarse y revelar la gran utilidad práctica que se esconde en ellos.

En la actualidad, debido a nuestras religiones y sistemas educativos, las personas se han convertido en adoradores del ego. Ellos veneran sus propios intereses, incluso cuando rezan al Señor. Ellos quieren ser exitosos, prósperos, sanos, felices, informados, y sabios –individualmente. Casi todas las cosas que las personas hacen son para sus propios intereses.

- Esperan remuneración.
- Esperan felicidad y salvación personales.
- Esperan recompensas, reconocimiento y posición.
- Esperan satisfacción interna.

Detrás de todas estas expectativas permanece el ego.

Aprenden para la ganancia personal; intentan especializarse en cualquier campo para ganar más dinero y disfrutar de la vida. Incluso intentan alcanzar posiciones elevadas simplemente para brillar, simplemente para hacer dinero, o tener suficiente influencia para hacer girar las corrientes de interés hacia ellos mismos.

Estas son las razones por las que tenemos tanto dolor y sufrimiento en el mundo. En general, las personas no se dan cuenta que uno sólo puede estar saludable cuando trata de hacer saludables a los demás y cuando crea condiciones saludables en el entorno. Si no hacemos saludables a nuestros vecinos, ellos nos enfermarán.

Uno puede ser exitoso cuando intenta hacer próspera a su sociedad; una sociedad endeble eventualmente le hará fracasar. Uno puede ser próspero si hace que los otros sean prósperos; si los demás no son prósperos, ellos le empobrecerán. Uno no puede ser feliz si su entorno es infeliz; si no consigue hacer que las personas que le rodean sean felices, ellas le harán infeliz.

La luz del conocimiento de una persona no se puede incrementar a menos que ella comparta su luz con otros. Todo el que aprende tiene una posibilidad de ser un instructor, tiene una posibilidad de desafiarnos y ayudarnos a luchar por un mayor conocimiento.

Si una persona quiere ser virtuosa o santa, debe intentar hacer virtuosas o santas a las personas a su alrededor, porque si intenta ser virtuosa o santa solo para si misma, los otros pronto le harán trabajar contra sus propias virtudes.

El principio detrás de todos estos conceptos es que, al dar, podemos tener más, y cuanto más demos, más tendremos.

Había un hombre que poseía un huerto y contrató a doscientos trabajadores. Los trabajadores eran muy pobres y vivían en cabañas de paja mientras el propietario del huerto se hacía cada vez más rico. Cierto invierno, él se marchó del huerto para disfrutar de los baños termales mientras sus trabajadores sufrían un frío severo. Cuando volvió a casa en primavera, encontró que todos sus árboles habían sido cortados y usados como leña, su casa estaba destruida, y todos los empleados se habían ido. Su esposa le dijo: «Esta es tu lección. No puedes disfrutar una vida rica entre la pobreza y permanecer feliz».

Un médico retirado fue a un pueblo donde las personas estaban sufriendo distintas enfermedades. Fue a la ciudad y gastó cientos de dólares en medicinas valiosas y empezó a cuidarlos. Los domingos les daba charlas sobre distintos asuntos de salud. Un día, una anciana le preguntó: «¿Por qué no se marcha a casa a descansar y divertirse? Está trabajando demasiado duro en este pueblo y no está ganando ni un céntimo».

«Se equivoca», le respondió el doctor. «No puedo quedarme aquí y permanecer sano si no educo a estas personas y las curo».

Incluso si servimos a las personas por nuestro propio interés, es beneficioso. Solamente sirviendo a las personas podemos aprender a olvidarnos de nosotros mismos en el desempeño del servicio.

Podemos salvar nuestras vidas viviendo para los demás. Nuestra grandeza está condicionada por nuestra capacidad para dar, por nuestra capacidad para iluminar a los demás, y por nuestra capacidad para amar, cuidar y proteger a los demás. Cuanto mayor sea el número de individuos que uno nutra con su luz, amor, belleza y sabiduría, más grande será la persona.

El propósito del hombre no es aislarse dentro de sus propios intereses. Debe vivir por el interés de su familia, nación y humanidad. Solamente viviendo por el interés de la humanidad Una es que satisface su responsabilidad divina.

Para un hombre iluminado, la humanidad representa sus hermanos. Ciertos Grandes Instructores de la humanidad se llaman a sí mismos los Hermanos de la Humanidad. No puedo imaginar un mayor título que éste. Si una persona es un Hermano de la Humanidad y acredita este título con su vida, entonces él es alguien que será respetado, incluso venerado, a través de las eras.

Los seres humanos en general se han hundido dentro de una piscina de barro de intereses egoístas. Si estudiamos la historia de las naciones y la historia de la humanidad, podemos ver tres fases.

La ***primera fase*** expresa la ideología de que yo, como individuo, existo, y todas las personas y cosas que se hallan en mi entorno existen para servir mis intereses individuales.

La ***segunda fase*** es que existo y existes; hay un interés mutuo. Debo ayudarte y debes ayudarme porque no puedo existir sin ti y tú no puedes existir sin mí.

La ***tercera fase*** es más avanzada. Podemos formular esta fase como «el Todo existe». El «yo» y el «tú» han desaparecido; solamente el todo se reconoce como la entidad viva suprema.

Esto se puede entender si recordamos cómo el ser humano es una entidad individual. Sus células, órganos y sistemas son «guardianes» de esa entidad, porque saben instintivamente que si cualquier célula trabaja solamente para su interés propio, o es cancerígena con respecto a los intereses del todo, esa célula no solamente trabaja contra el interés de la entidad, sino también contra su propio interés. Además, todas las células disfrutan de la vida en un cuerpo saludable.

En una nación próspera, todos los individuos disfrutan sus vidas. La libertad personal, individual, solamente es posible cuando no hay fricción o conflicto entre los intereses personales o globales.

Por supuesto, necesitamos miles de años para poner en práctica real este concepto. Pero si podemos empezar a pensar cómo contribuir con la felicidad, el éxito, la prosperidad y la salud de la humanidad a través de nuestros pensamientos, palabras y acciones, entonces nos convertiremos en inspiración para otras personas. Con el incremento del número de personas que hacen esto, podemos pavimentar el camino hacia la felicidad, la salud, la prosperidad y la libertad globales.

Las viejas y obsoletas formas de pensamiento egoísta y separatista terminarán rápidamente si los guardianes de los hermanos del mundo ayudan a la humanidad a aniquilar las tensiones acumuladas y los intereses separatista entre las naciones, y eliminan la contaminación y los arsenales de bombas nucleares.

Las personas se esfuerzan por el pensamiento de libertad creyendo que la libertad es el propósito de la vida. Al luchar por la libertad, muchas personas se hunden más profundamente en la esclavitud, porque ellas no pueden usar la libertad que creen que tienen. La libertad no se puede alcanzar a menos que hagamos libres a los otros. Pero una vez que las personas son libres, pueden destruirse unas a otras a causa de su libertad. ¿Cómo entonces podemos solucionar el enigma de la libertad?

Lo cierto es que la libertad se alcanza solamente viviendo por los intereses del todo. Esto significa que la auténtica libertad sólo se puede experimentar viviendo en armonía con los demás. Una nota musical tiene su mayor libertad al ser una parte armoniosa de una sinfonía. La libertad solo se puede ganar a través de la armonización en constante evolución, con el interés supremo de la Entidad global.

Las personas piensan que la libertad es licencia, que es locura. Creen que la libertad es la capacidad de explotar o matar a otros, o invadir el territorio de otra nación. Estos tipos de libertad han llevado a la humanidad al borde del precipicio. Es ahora el momento de enseñar a las personas que la libertad solo puede alcanzarse si renunciamos a nuestros intereses egoístas y separatistas, así como a nuestra codicia.

Si una persona vence las propensiones e impulsos ciegos de su naturaleza, si no reacciona al odio, a la malicia y a la calumnia e intenta crear en su entorno una vida basada en las rectas relaciones humanas, si armoniza toda su vida con el bien supremo de toda la humanidad, entonces alcanzará la libertad.

Tras cada cataclismo global o nacional, las personas empiezan de nuevo con el ABC, la primera fase: «solamente yo existo y todos me deben servir». Todas las actividades siguientes de estas naciones estarán coloreadas con esta psicología.

Después de vivir según esta psicología durante mucho tiempo, las personas terminarán dándose cuenta de que, para sobrevivir mejor en el campo de los intereses propios contrapuestos, deben empezar a usar la segunda fase del desarrollo humano, la fase del «tú y yo existimos». En esta fase surge un ciclo de negociaciones, conferencias y acuerdos mutuos. Las personas, sin embargo, empiezan a sentir que todavía hay algo equivocado con esta filosofía, porque tan pronto como una parte ya no es buena para la otra, la otra le odia y le da la espalda –y ambos caen, de nuevo, en la fase del «solamente existo yo».

Aquellos seres humanos que ven el peligro de la segunda fase intentan encontrar caminos que guíen a la tercera fase donde «el todo existe». Si la humanidad, en su mayor parte, no puede responder a la tercera fase, caerá en el sendero y será guiada hacia la destrucción masiva, como ocurrió a los lemures, atlantes y a muchas naciones individuales durante esta civilización aria.

La naturaleza tiene sus cuatro estaciones: primavera, verano, otoño e invierno. El desarrollo de la humanidad se modela detrás de las cuatro estaciones.

La primavera viene cuando las naciones están preparadas para organizarse para brotar y florecer. El verano viene con un período de crecimiento, prosperidad, fruición y felicidad. El otoño viene y los árboles se desprenden de sus hojas; la prosperidad y la felicidad comienzan a desvanecerse. El invierno viene, trayendo consigo intereses egoístas y otros conflictos y catástrofes durante los que las naciones o la humanidad una vez más entran en un ciclo de vida muy difícil.

Es durante el ciclo de invierno que la humanidad debe avanzar hacia la tercera fase de «el todo existe». Solamente a través del liderazgo, la filosofía y la psicología que se basan en este concepto, podríamos salvar a la humanidad de una gran destrucción –una destrucción igual o mayor a la destrucción de las naciones lemur o atlante. Este es el momento en el que todo ser humano debe convertirse en el guardián de su hermano.

Debemos adaptarnos a las cuatro estaciones de la vida. Si no lo hacemos, las estaciones se convertirán en nuestro castigo. No es sabio vestir con un abrigo de lana en verano con una temperatura de 35ºC; similarmente, no debemos andar desnudos cuando la temperatura está debajo de los cero grados.

Todo ciclo tiene sus sacrificios y exigencias. La humanidad ahora se está aproximando al invierno. Debemos equiparnos con el fuego del amor, con el abrigo de la totalidad y la síntesis. Debemos ponernos las botas del servicio sacrificado y llevar en nuestras manos la antorcha de la paz y la armonía. Si fracasamos durante el invierno, no veremos la primavera.

Cómo ser el guardián de tu hermano

Si sientes que quieres convertirte en el guardián de tu hermano, entonces debes considerar y meditar sobre los siguientes veintiún puntos:

1. Como guardián de un hermano, debes intentar por todos los medios mejorarte a ti mismo y ser un ejemplo. Tu hermano debe ver que eres noble, honesto y puro, y entonces él aspirará a ser como tú. Tu hermano debe mirarte y decir:

«Mira cuán inteligente es mi hermano».
«Mi hermano trabaja muy duro».
«Mi hermano es muy hábil».
«Mi hermano es amoroso».

«Mi hermano es grácil».
«Mi hermano es valiente».

Tu ejemplo inspira a tu «hermano pequeño» y le guía hacia una vida mejor. Si fallas en este primer punto, todo lo que sigue será inútil para ti.

2. A menos que seas un maestro o un guardián, nunca hables sobre las deficiencias de tu hermano. Tu deber y tu responsabilidad son encontrar algo hermoso en él y hablar de esa belleza de modo que movilices sus pensamientos hacia sus bellos atributos.

3. Nunca metas tus narices en los asuntos personales de tu hermano. En su lugar, desafíale a trabajar hacia la estrella de cinco puntas de Belleza, Bondad, Rectitud, Alegría y Libertad, intentando convencerle de que esta estrella le hará feliz, próspero y exitoso. Desafíale con estas cinco virtudes y anímale a asimilarlas en su vida entera.

Sus asuntos personales le pertenecen a él. El guardián de un hermano no se involucra con las debilidades y tonterías de este hermano porque se contaminaría con ellas. Cuando elevas a tu hermano a la esfera de la estrella de cinco puntas, él empezará a resolver sus propios problemas sin involucrar a otros en ellos. Si te ocupas de las debilidades y torpezas de tu hermano sin darle la visión de la estrella de cinco puntas, él hará todo lo posible para ocultarse con distintas justificaciones y racionalizaciones para cuidar su reputación.

4. Nunca enfatices los fallos de tu hermano; en su lugar, enfatiza sus logros. Si enfatizas un error, fortaleces el pensamiento-forma de fracaso en su mente, provocando que falle de nuevo. También quedará atrapado en sus patrones emocionales y será muy difícil para él liberarse de ellos.

5. Si tu hermano quiere aprender de ti, lo primero que debes enseñarle es a abstenerse de la malicia, envidia, calumnia y traición, que son las víboras venenosas que viven dentro de nosotros. Discutir esto con tu hermano puede salvar su vida y hacer que tenga un gran éxito para siempre.

Esto se debe enseñar a tu hermano de sangre, hermano grupal, a cualquier hermano. Si no adviertes a tu hermano sobre estas cuatro peligrosas serpientes, éstas te obligarán a quedar bajo su poder.

Cada hermano es un salvador para los otros. Los egoístas que quieren salvar sus propias almas, olvidando a sus hermanos, se encontrarán a sí mismos en el infierno, no en el cielo. El cielo se alcanza ayudando a los otros. Un hombre egoísta que busca solamente su propia salvación viola la ley suprema –la Ley de la Unidad o Totalidad. Él niega esta ley y piensa solamente en sí mismo.

6. Enseña a tu hermano la Ley del Karma. Una raza superior de seres humanos resultará si las personas llegan a entender la Ley del Karma y la observan a lo largo de sus vidas.

7. Enseña a tu hermano la Ley de Reencarnación, que está íntimamente relacionada con la Ley del Karma. Muchos de nuestros problemas se pueden solucionar solamente entendiendo la Ley de Reencarnación. En el *Bhagavad Gita* leemos:

> *En verdad, nunca hubo un tiempo en que yo no fuera, ni tú, ni estos gobernantes de los hombres, ni vendrá un tiempo en que dejaremos de ser.*[7]

El *Bhagavad Gita*, además, sugiere que aquellos que intenten vivir una vida hermosa y abnegada nacerán en fa-

7. El *Bhagavad Gita*, capítulo 2, verso 12, traducido por Torkom Saraydarian (Agoura, CA: Aquarian Educational Group, 1974).

milias que proporcionarán todas las condiciones necesarias para su mayor desarrollo.

Las personas no deben ocuparse de sus vidas pasadas sino de sus vidas futuras. El pasado pertenece a nuestras limitaciones; el futuro es nuestra expansión.

De la misma manera que una persona se sienta para planificar cómo hacer su vida y negocios futuros más prósperos y luego trabaja por el cumplimiento del plan, cada uno de nosotros debe planificar nuestro futuro –incluso para nuestra siguiente encarnación. Debemos sembrar hermosas semillas en esta vida para tener flores hermosas en la siguiente.

Había una familia con dos hijos, uno de los cuales era un estudiante secundario que solía venir a trabajar a mi jardín. Hablábamos de religión y de la vida espiritual. Uno de los temas que más le interesaban era la reencarnación. Cada vez que él venía a trabajar en el jardín, hacía preguntas muy inteligentes sobre la Ley de Reencarnación. Incluso me trajo un libro de Orígenes, y leyendo unas pocas páginas, intentó mostrar que el autor creía en la reencarnación, «como nosotros».

Algunos años pasaron; su padre murió en un accidente de coche. En el funeral, cuando se estaba enterrando el féretro, el hermano del chico se lanzó sobre el féretro y empezó a llorar por su padre, diciendo que quería morir con él.

Mi estudiante quedó traumatizado por este suceso. Rápidamente vino a mí, me abrazó y dijo: «Mi padre va a volver de nuevo, ¿verdad?». «Por supuesto que sí», le susurré. Con eso, se fue a su hermano, lo retiró del ataúd y comenzó a consolarle.

Mi estudiante se convirtió en un gran matemático; su hermano terminó recluido en un hospital psiquiátrico. Su madre vino a mí una vez y dijo: «Aunque la Ley de la Reencarnación no exista, salvó la vida de al menos uno de mis hijos».

8. Enseña a tu hermano cómo observar. Es muy importante que tu hermano sea capaz de ver las cosas que suelen pasar inadvertidas para la gente corriente. Sin observación, las personas viven en un mundo onírico y siempre estarán sometidos a la explotación. La capacidad de observar no solamente salva la vida de tu hermano, sino que le guía hacia la prosperidad, el éxito y la salud.

9. Enseña a tu hermano a analizar las noticias y las películas que ve. Se gastan millones de dólares en hacer películas que influyen en la conciencia de las personas. Escucha a tu hermano y anímale a buscar el motivo que hay detrás de la película. No necesitas darle tu opinión; tu intención no es darle el pez, sino enseñarle cómo pescar.

A medida que él intenta analizar más profundamente, llegará eventualmente a ver las razones políticas, religiosas o económicas de la película, dándose cuenta de los motivos, y encontrará la manera sutil en que los motivos son expresados. Al hacer esto, él puede salvar a sus otros hermanos.

10. Nunca explotes o engañes a tu hermano. El engaño provocará que pierda la confianza en ti. Una de las mayores transgresiones es engañar a tu hermano o a alguien más que confíe en ti.

Cuando se siente o se conoce, la explotación puede causar una profunda herida en la psique de una persona. Tanto el embaucador como el que es embaucado construyen una barrera entre ellos y su fuente interna de luz, amor y belleza.

11. Si pides prestado dinero a tu hermano, devuélvelo con intereses.

Recuerdo haber pedido prestado un limón a una vecina. Unos días más tarde mi padre me preguntó si lo había devuelto. «Todavía no», dije. «Hazlo ahora», insistió. «Tenemos montones de limones». Tomé un limón y me dirigí a casa de la vecina cuando mi padre me volvió a llamar, y dijo: «¿Qué estás haciendo?» «Estoy devolviendo el limón». «Bueno», dijo, «lo noble es devolver dos o tres limones». Ella estaba encantada porque sucedió que necesitaba los limones adicionales para su comida.

En muchos países, es costumbre que cuando se pide prestada una olla –o un plato– éstos sean devueltos llenos de fruta, pastel o galletas. Recuerdo una vez que pedí prestado el coche al vecino aprovechando que él se iba una semana de vacaciones. Mi padre devolvió el coche después de ponerle neumáticos nuevos. Estábamos felices de haber podido usar el coche, y nuestro vecino estaba feliz con sus llantas nuevas.

12. Enseña a tu hermano a depender de sí mismo, no de ti. Es una muy mala política hacer que los otros dependan de ti. Por el contrario, sé duro con tu hermano; hazle aprender cómo hacer frente a las dificultades y los problemas de la vida. Enséñale a nadar, no a colgarse de tu cuello. Enséñale a ser independiente y, en la medida de lo posible, a no malgastar tu tiempo y energía colgándose de ti.

Cuando haces que los demás dependan de ti, hay una mayor probabilidad de que eventualmente los uses con intereses egoístas y los explotes. La dependencia lleva a la esclavitud y la debilidad.

Esto no significa que abandones a tu hermano cuando te necesite, sino que debes permanecer a su lado y animarle a solucionar sus propios problemas en lugar de intentar solucionárselos.

13. Enseña a tu hermano:

   a. Cómo concentrarse.
   b. Cómo pensar.
   c. Cómo meditar.

¿Cómo puedes ser el guardián de tu hermano si no puedes enseñarle estas lecciones básicas? Puedes crear un campo de servicio para tus hermanos trabajando para tu grupo, tu escuela, tu universidad, o puedes invertir tiempo cuidando de tus hermanos que están viviendo en la ignorancia y la confusión.

14. Enseña a tu hermano:

   a. Cómo leer.
   b. Qué leer.
   c. Cómo discriminar y elegir lo que necesita leer.

Cuando tu hermano aprenda estas tres habilidades, no solamente ahorrará dinero, sino también tiempo, energía y salud mental y física.

Esto se debe hacer con tacto. Recuerdo un estudiante en la escuela que poco a poco se fue haciendo lento y tonto. Hablé con su madre y concebimos un plan para descubrir la causa de su fracaso y su debilidad. Entrando en su habitación descubrimos muchos libros y revistas pornográficos que estaban ocultos debajo de su cama, y su madre descubrió que estaba fantaseando sobre estas fotografías. No le quitamos las publicaciones; en su lugar, hablé con él con tacto. Lentamente llegó a darse cuenta de que, leyendo literatura pornográfica, estaba arruinando su futuro. Cierto día quemó todo el material y retomó la lectura de revistas científicas. En un período de tiempo muy corto, mejoró asombrosamente.

Por supuesto, debes ser muy cuidadoso de no explotar a tu hermano ni darle órdenes. Debes manejarle muy cuidadosamente, sugiriéndole aquellos libros que le ayudarán a construir su futuro.

Las personas egoístas y arrogantes no pueden ser guardianes de su hermano. Para ser el guardián de un hermano, debes tener gracia, nobleza y honestidad.

15. Enseña a tu hermano a respetar a sus padres, a otros miembros de la familia y a aquellos que están a su alrededor. Cuando el respeto se reemplaza por la falta de respeto, empieza el declive de la familia o la sociedad.

El respeto carga el ser real de una persona y le ayuda a superar la debilidad. El respeto crea amor y relaciones humanas justas. El respeto es el resultado del amor profundo, el poder de control y la identificación con la belleza que existe en tu hermano.

16. Enseña a tu hermano acerca del bien en toda la humanidad. Deja que aprenda a vivir para la humanidad una.

La mayoría de las personas enseñan a sus hijos a presumir de su particular raza, nación y origen familiar, creando de este modo divisiones en las psiques de sus hijos. Debes convencer a tu hermano que el bienestar de una persona, un grupo o una nación, dependen del bienestar de toda la humanidad.

Si puedes ayudar a tu hermano a aceptar estas ideas, te estás convirtiendo en uno de los Hermanos de la Humanidad.

17. Enseña a tu hermano cuándo y cómo hablar, y cuándo guardar silencio. Este es un asunto delicado en el que debes ser muy cuidadoso para salvar a tu hermano y cul-

tivar el control, el respeto, la discriminación y el sentido común en él sin construir patrones de inhibición en su ser. La mayoría de las personas hablan para enfatizar su individualidad, para presumir o ganar reconocimiento. Es interesante observar que las personas que no tienen interés propio a menudo guardan silencio.

18. Enseña a tu hermano a estudiar y observar las vidas de las personas prósperas y felices. Estudiar a tales personas incrementa las imágenes de prosperidad y felicidad en su conciencia, lo que controla el proceso de distribución de las energías en su sistema. Entonces encontrará las razones de por qué los otros son prósperos y felices, e intentará utilizar lo que haya descubierto para crear similar salud y felicidad en su vida y entorno.

19. Enseña a tu hermano acerca de los enemigos de la humanidad, tales como:

- Crimen organizado.
- Consumo de drogas.
- Prostitución.
- Explotación masiva.
- Asesinato.
- Fuerzas oscuras y sus agentes.
- Hambre.

Deja que tu hermano aprenda a ver a estos enemigos y enséñale cómo cultivar habilidades para llegar a darse cuenta y evitarlos.

20. Enseña a tu hermano cómo eliminar a los enemigos de la humanidad, que son altamente inteligentes y están especialmente equipados para derrotarlo si no está protegido por poderes espirituales o si actúa de forma tonta.

Una vez llevé a líderes estudiantiles a mi habitación y les hablé de los efectos de las drogas. Les enseñé una exhibición especial que contenía veintiocho tipos diferentes de drogas que me había prestado una organización de lucha contra la drogadicción. Debajo de cada muestra estaba escrito el nombre de cada droga y sus efectos. Estudiamos y debatimos el asunto durante varias horas.

Como resultado, la escuela nunca tuvo problemas con las drogas. Los líderes estudiantiles no solamente protegieron la escuela, sino que voluntariamente trabajaron con otras escuelas para ayudarlas a limpiar sus problemas con las drogas.

21. Habla a tu hermano sobre el futuro glorioso, sobre aquéllos que están planeando y trabajando para la construcción de un glorioso futuro para la humanidad.

Deja que tu hermano conozca que el hombre puede hacerse feliz, próspero y exitoso. Deja que sepa que no hay mayor alegría que la que uno experimenta al ayudar a su hermano.

Estas veintiún reglas se aplican a grupos y naciones, así como a individuos. Solamente siendo el guardián de nuestro hermano es que la Hermandad de la humanidad puede establecerse en este mundo.

IV

DESERTORES

Con la palabra «desertor» no me refiero a alguien que abandona una organización o un grupo para unirse a otro, o a alguien que elige no formar parte de ningún grupo u organización en absoluto. Ni tampoco me refiero a alguien que abandona una iglesia o una religión para formar parte de otra iglesia o religión. Ninguna de estas categorías necesariamente implica deserción. Una persona puede renunciar a cualquier grupo, fe, religión o iglesia sin ser un desertor. Incluso puede abandonar a su instructor o sus libros y no ser un desertor. ¿Quiénes son, entonces, los que desertan?

Los desertores son aquellos que comienzan a escalar una montaña, y entonces algo va mal y se deslizan camino abajo. La montaña en este ejemplo simboliza una meta, una visión que está frente a ti, que tú, por todos los medios posibles, estás intentando alcanzar. Pero algo va mal: un placer, un espejismo, una ilusión, tu vanidad y tu ego, tu interés por ti mismo y la envidia, interfieren y tiran de ti hacia abajo.

¿Qué es una meta? Una meta real es esa porción del Plan Divino que es dada a una persona para ser actualizada y mejorar la vida de la humanidad, para ayudar a que el Plan se exteriorice a Sí mismo. Puede ser un «bien» personal, grupal o nacional, y si está en armonía con el Bien Común, es un objetivo auténtico.

Cuando una persona le da la espalda a su objetivo, se convierte en un desertor –de la misma manera en que una persona que escala una montaña y va cada vez más alto hacia la cima, y luego se desliza por la ladera hacia la base– sin importar cuántas iglesias ha visitado o a quien finge adorar. En esta fase la persona se olvida totalmente de escalar, o se convierte en un enemigo que trabaja contra su meta y contra aquellos que tienen metas similares.

Una persona cuya meta principal en la vida es transformar su existencia, rendir un gran y elevado servicio a la humanidad, servir a los Grandes Seres y traer mayor luz, belleza y paz a la Tierra, que luego le da la espalda a estos objetivos, es una auténtico desertor. Un desertor es aquel que intenta descubrir el Ser Verdadero, y luego aleja su atención de esa meta por los placeres del mundo o por diferentes intereses que sólo sirven al cuerpo, tales como el sexo y el estómago, o el odio y la venganza. Una persona en esta condición trabaja contra su Ser Verdadero y contra sus intereses reales.

El fundamento de cada meta descansa sobre la roca de este principio:

> *Lo que sea que pienses, hables o planees debe estar en armonía con el interés de todas las personas, en todas partes.*

Cuando vemos que nuestras metas están en armonía con este principio, nos evitaremos mucha miseria, dolor y sufrimiento en el mundo. Pero si creamos «metas» que son para nuestros propios intereses y en contra de los intereses del todo, no tenemos metas auténticas. Una meta es verdadera cuando es una nota en la sinfonía del interés humano. Tal meta es como una montaña; y debemos esforzarnos por alcanzar la cima de esa montaña. Pero si las condiciones hacen que una persona se desanime, al infundirle miedo o al tentarla con placeres, se convierte en un verdadero desertor.

Para hacer real y auténtica una meta debemos hacer lo siguiente:

1. Debemos ser inclusivos.
2. Debemos tener un motivo desinteresado detrás de la meta.
3. Debemos ser inofensivos y amorosos.

La ***inclusividad*** es una manera de observar desde el punto de vista de los intereses del «cuerpo» total –toda la nación, toda la humanidad. La inclusividad es una consideración holística de los resultados de nuestras acciones sobre cualquier grupo o nación.

Toda meta es parte del Plan, del modelo que se da a una persona como su responsabilidad o *dharma*. Cumplir esta responsabilidad es llevar a término el Plan Divino.

Digamos que tu deber es trabajar en la construcción como carpintero. Un maestro carpintero no construiría nada que contrarreste el modelo, ni descuidaría la construcción de partes del modelo que sean exigidas. Cooperaría con el plan al igual que lo harían otros especialistas. Será desastroso para la humanidad si una nación persigue metas separatistas que entren en conflicto con el plan para la humanidad, con el Bien Común de toda la humanidad.

Cuando una persona hace que sus metas entren en conflicto con el objetivo global de la humanidad a través de intereses y complicaciones separatistas, quizás se beneficie temporalmente de sus acciones. Pero eventualmente el tsunami del interés humano terminará destrozando todos sus cimientos y lo dejará como un ser humano miserable.

Qué bello será cuando toda meta que planeamos es revisada para ver si contribuye o no con el bien común de la humanidad. Es importante no alejarnos de una preocupación por el bienestar de la humanidad, intentando asegurar un interés personal, grupal o nacional en conflicto con el beneficio humano global.

Nuestro cuerpo demuestra el principio de inclusividad en que cada célula, cada órgano y cada músculo, trabajan para el cuerpo uno, así como una gran familia feliz. Sin embargo, nuestros maestros de escuela nos animan a perseguir nuestro propio interés, nuestros propios placeres, nuestra propia reputación.

Está viniendo el tiempo en que tendrá lugar un gran cambio en la conciencia humana, y el ser humano empezará a pensar de formas más inclusivas. Está llegando el día en que ninguna nación dará un solo paso que no esté en armonía con los intereses de todas las naciones. Esta es la tarea que abordarán los futuros políticos.

Cuando alcancemos este nivel de comprensión, podremos sanar este planeta y hacer que sea un lugar en el que las personas sean felices, saludables, prósperas y altamente creativas. Si no alcanzamos este nivel de comprensión, la humanidad se exterminará a sí misma y este planeta se convertirá en un desierto.

En las futuras universidades emergerá una ciencia basada en el principio de inclusividad y se llamará la **Ciencia de la Vida**. A menos que se desarrolle esta ciencia y se ponga en práctica, el resto de las ciencias será incapaz de salvar a la humanidad.

Tener motivos altruistas detrás de todas nuestras acciones es la segunda característica de una auténtica meta. Es imposible ser inclusivo y retener un interés egoísta en alguna acción.

Cuando una persona tiene un motivo altruista, no solamente es inclusivo, sino que también está libre de cualquier interés **personal**. Si renunciar a sus intereses personales ayudará al bienestar de un gran número de personas, ella hará este sacrificio de manera natural y con gran alegría.

La familia es la primera escuela en que una persona empieza a aprender la **Ciencia de la Inclusividad y el Altruismo**. Los grupos son escuelas más avanzadas porque extraen de la naturaleza de una persona todo lo que es feo, egoísta y separatista. Cuando concluye esta fase, el alma de la persona brilla en el grupo.

La inofensividad y el amor son el tercer conjunto de características de una meta auténtica. Si una persona ama con autenticidad y es inofensiva, evoca cinco características de su Alma:

a. Un sentido de responsabilidad.
b. Un sentido de belleza.
c. Una conciencia en expansión.
d. Trabajo sacrificado.
e. Telepatía e intuición.

De este modo, una meta debe ser inclusiva, altruista e inofensiva. Si una persona tiene una meta así, está en armonía con el espíritu de lucha de la humanidad y está cooperando con todas las energías creativas de la Naturaleza. Si trabaja en contra de una meta auténtica, la persona es un verdadero desertor –o incluso un marginado[8].

Una señora una vez me escribió, diciendo: «Voy a manifestar mi divinidad interna». Unos meses más tarde es-

8. N. del T.: Se hace referencia a una persona que ha sido echada fuera de un grupo.

cuché que estaba involucrada en calumnias y malicia. De alguna forma se había convertido en una desertora. Quien trabaje contra la aspiración y el esfuerzo del Ser Superior, se convierte en un desertor.

Las personas a veces piensan que el fin justifica los medios. Esta es una fórmula que utilizan los desertores. Una regla torcida nunca puede producir una línea recta.

Cómo alcanzar la Meta Auténtica

Alcanzaremos nuestra auténtica meta a través de lo siguiente:

1. Olvido de uno mismo, inofensividad y palabra correcta.
2. Esfuerzo incrementado hacia la perfección.
3. Servicio sacrificado.
4. Estudio.
5. Meditación.
6. Perseverancia.
7. Paciencia.

El olvido de uno mismo, la inofensividad y la correcta palabra nos ayudarán a alcanzar nuestra auténtica meta. Uno no debe abandonar estos tres fieles amigos en su viaje.

El esfuerzo creciente es necesario para mantener a una persona en movimiento hacia su meta. Hay grandes peligros que esperan a aquellos que en el Sendero se relajan y se toman las cosas con calma –o participan en actividades inútiles en el Sendero. El esfuerzo creciente es necesario para mantener afilada la espada de nuestra voluntad.

Cuando una persona lee un libro inspirador, escucha una excelente conferencia, o tiene un sueño que crea una cúspide de montaña en su conciencia, es importante no dejarlo pasar. En su lugar, uno debe aspirar hacia ello, esforzarse hasta que alcance la cima –y sea capaz de ver otra cima desde su nueva perspectiva.

No desertes. Evalúate para ver si tu esfuerzo se está incrementando y si estás haciendo o no un esfuerzo creciente para alcanzar la cima, hacia la actualización de tu meta y propósito.

Por ejemplo, el esfuerzo no te permite ver una película tonta o criminal en la televisión hasta las dos de la mañana y luego despertarte con los ojos hinchados. El esfuerzo es una ciencia; es ingeniería. Vas a vivir de tal manera que seas capaz de ascender hacia tu meta. Necesitas de esfuerzo creciente para alcanzar la perfección. Un desertor es aquel que escala las rocas y luego, con un cambio de mentalidad, corta la cuerda de la que estaba colgado y aplasta su cuerpo contra las rocas. A menudo nos animamos a vivir simplemente de la forma que queremos. De hecho, hay personas que incluso adoran a Satán. Debemos aprender a ver las consecuencias de nuestras acciones.

Los desertores son aquellos que una vez tuvieron una visión, pero la traicionaron. Una vez mi padre llamó a unos pocos amigos para cortar y limpiar un enorme árbol que había caído sobre nuestra calzada. Por alguna razón, los amigos no se presentaron hasta después de que mi Padre ya había cortado y apartado el árbol. Él se giró hacia ellos y dijo: «Los amigos llegan cuando empieza el trabajo, no cuando se ha hecho todo el trabajo. Gracias por vuestra ayuda». Y se volvió para empezar a lavarse las manos y la cara. Cuando se marcharon me dijo: «Intenta siempre depender de ti mismo; los amigos algunas veces llegan tarde o te abandonan para seguir sus propios intereses. Una persona no puede mejorar su vida si no participa en los trabajos de los demás, especialmente en una época de necesidad». Y con una sonrisa significativa, añadió: «La amistad es una montaña. Algunas personas ascienden; algunas caen en picada hasta los pies de la montaña».

El ***servicio sacrificado*** mantiene a una persona por el sendero correcto hacia la meta porque cada auténtico servicio sacrificado libera una parte de su auténtico Ser.

El ***estudio*** de lo que es más esencial es importante, usando la ciencia esotérica como guía.

La ***meditación***, que es la comunicación continua con tu meta y propósito, es un aspecto importante del logro de la meta.

La ***perseverancia***, un esfuerzo incrementado hacia la meta, es necesaria.

La ***paciencia***, la capacidad de ver las cosas a la luz de lo Eterno, nos asistirá en el sendero hacia nuestra meta.

Estos siete pasos serán nuestros mayores compañeros en el Sendero.

Cuando una persona intenta cumplir su meta, luego abandona y se retira, es un desertor. Si una persona no tiene una meta, no puede ser un desertor –incluso aunque quisiera serlo. Cuando no hay montaña en la conciencia de una persona, ¿dónde hay una colina para deslizarse hacia abajo?

Hay nueve fuerzas que nos impiden alcanzar nuestra meta. Son **avaricia, miedo, ira, celos, calumnia, malicia, ego, vanidad** y **venganza**. Al desertar, una persona sigue estos nueve demonios que han sido los enemigos de la humanidad desde los principios de la raza humana. Estamos envenenados por estas fuerzas; perdemos fortaleza e incentivo para ascender la montaña porque estas fuerzas cortocircuitan nuestro sistema de energía.

Estas nueve fuerzas son la encarnación de nueve males en el Universo. Desafortunadamente, han construido sus nidos en el ser humano. Uno debe intentar deshacerse de ellos si está deseoso de alcanzar una meta o, de lo contrario, lo llevarán al nivel de aquellos que viven con estos nueve demonios.

Los peligros de ser Desertor

Primero, pierdes el respeto por ti mismo y caes en la fealdad y el crimen, y tratas de explotar a los demás.

Segundo, te conviertes en una persona confundida sin una dirección o una meta. Los placeres de la vida agotan tu tiempo y dinero.

Tercero, pierdes la asistencia de los ayudantes invisibles y la amistad de tu Guía Interior, cuya intención es guiar tus pasos hacia la cima de la montaña.

Cuando uno deserta, trae una profunda decepción a aquellos que estaban intentando ayudarle. En el sendero de la perfección, es desastroso perder estos guías. Cuando una persona pierde sus guías visibles e invisibles, cae en la depresión. Cuando es abandonado por ellos, se hunde en la desesperación. El derrumbe ocurre rápidamente, pero la recuperación del dolor y sufrimiento resultantes lleva mucho tiempo.

Cuando una persona empieza a ascender, desarrolla una nueva conciencia, una nueva forma de pensar. Sus centros superiores, sus glándulas y su cuerpo en general pasan por un período de regeneración. Pero si él deserta, vuelve a su anterior nivel de conciencia, sus anteriores niveles de pensamiento, acción y reacción. Esto causa que sus centros etérico, astral y mental se contraigan; su naturaleza mecánica toma los mandos y le hace actuar de acuerdo con sus impulsos y deseos ciegos.

Cuarto, hieres los sentimientos y obstaculizas los planes de los otros, y avergüenzas a aquellos que una vez se asociaron contigo, a aquellos que estaban ayudándote a construir tu meta y alentándote a ascender hacia ella.

Cierta vez, mientras andaba por un bosque con cinco amigos, me topé con un hombre al borde de la muerte debajo de un enorme árbol caído. Nos apresuramos hasta el sitio e intentamos quitarle el árbol de encima. Para mi sorpresa, justo cuando pensaba que tendríamos éxito, tres de mis amigos se marcharon. Los dos que permanecimos hicimos todo lo posible para salvar al hombre, pero nuestra fuerza no fue suficiente y murió. Cuando preguntamos a los otros chicos por qué retiraron su ayuda, dijeron: «¿Qué ganábamos salvando su vida?». Un desertor te abandona cuando más lo necesitas.

Cierto día estaba observando a tres escaladores de montaña que colgaban de las rocas con cuerdas. El más cercano a la cima hizo un movimiento equivocado y cayó, arrastrando a sus amigos con él hacia su muerte. Un desertor puede arrastrar a sus asociados montaña abajo. Una nación puede traer un gran desastre a la humanidad. Por otra parte, un héroe puede traer mayor belleza a este mundo.

Quinto, un desertor se convierte en el enemigo de su propia meta. Cada vez que una persona tiene una meta pura, una parte de su alma se identifica con esa meta. Si niega su meta, se rechaza a sí mismo y fracasa en su encarnación.

Cómo evitar la Deserción

1. No te involucres en la «escalada de montañas» a menos que tus piernas estén preparadas y tengas todo el equipamiento necesario.
2. Si estás preparado, no te apresures. Da tus pasos conscientemente y ajusta tu naturaleza a las exigencias de la meta.
3. Sé humilde. No presumas.
4. No escuches a aquellos que intentan arrastrarte hacia abajo con el placer, el soborno, la adulación o el miedo.
5. No consumas drogas, marihuana o alcohol.
6. No malgastes tu energía en actividades inútiles, en el sexo excesivo; no malgastes tiempo frente a la televisión.
7. Intenta vivir de acuerdo con las exigencias de tu meta a diario.

Debemos intentar evocar los objetivos de las almas de nuestros niños. Aquellos que tienen metas se convierten en miembros constructivos de la sociedad. Aquellos que no desarrollan metas se volverán cargas para la sociedad. Nuestros niños van a llegar a ser alguien o no serán nadie.

Es necesario ajustar nuestros cuerpos y luego nuestra velocidad a los requisitos de la meta. Cuanto más elevada sea la meta, más sano debe ser el cuerpo, más puras las emociones y más claro el intelecto. Si la presión de las Esferas Superiores sobre nuestro equipo se va a incrementar, éste debe estar preparado y ser capaz de soportarla.

A veces las personas creen que pueden alcanzar una meta ganando victorias sobre los otros. Esto no es cierto. La auténtica victoria es una expresión de los potenciales del alma.

Toma un ejemplo en el campo de los deportes. Los auténticos deportes no están relacionados con la victoria o la derrota ni deberían estarlo. Deben interesarse sólo por la manifestación de los potenciales de las personas que participan en ellos, sin pensar en la victoria o en la derrota.

Los juegos están dirigidos a evocar el potencial. Aquellos que manifiestan mayores cantidades de potencial son erróneamente conocidos como vencedores. En los auténticos deportes, cada participante tiene una meta con el fin de evocar el mayor potencial de los otros participantes. Sin embargo, los deportes ahora se han convertido en un negocio y un medio para desarrollar orgullo.

Otro problema que nos impide seguir adelante hacia la cima es la preocupación por la basura de ayer. Un hombre con una meta mira hacia el futuro y no se preocupa por los insignificantes eventos del pasado.

Un excelente consejo para aquellos que deciden ascender hacia su meta es: no temas a aquellos que pueden matar tu cuerpo, sino a aquellos que pueden confundirte o hacerte rechazar tu meta, convirtiéndote de este modo en un enemigo de la humanidad. En el *Nirvana Sutra*, el Señor Buddha afirma esto de otra forma:

> *No debes temer a un elefante enloquecido. A quien deberías temer es a amigos malévolos, porque un elefante enloquecido sólo puede destruir tu cuerpo. No puede destruir tu ser. Pero un amigo malévolo puede destruir tu mente y cuerpo por muchas encarnaciones.*

Los desertores son malos amigos.

Había una vez un rey que amaba a dos de sus comandantes y quería ayudarles, pero quería hacerlo de tal forma que ellos no sospecharan de su asistencia. El rey los llamó y les pidió que construyeran para él un pequeño retiro en la cima de una montaña. Les dijo que todos los materiales para la construcción serían suministrados abundantemente por la familia real y que su deber era ir a la cumbre de la montaña, elegir un lugar llano, y dar instrucciones a los obreros para empezar a trabajar.

Los dos amigos se pusieron en marcha con sus mulas. Durante todo un día intentaron llegar a la cima de la montaña. Estaba anocheciendo cuando alcanzaron una meseta que estaba a una media milla de la cima. Durmieron allí durante la noche, y por la mañana temprano admiraron la belleza de la vista desde la meseta.

Unas pocas horas más tarde, de nuevo a lomos de sus mulas, tuvieron dificultades para avanzar en el viaje a causa de la formación rocosa de la cumbre. Tras varias horas de intentos vanos para encontrar un sendero, volvieron a la meseta y descansaron. Uno dijo: «Bueno, este es el mejor y más fácil lugar para construir el retiro del rey». El otro dijo: «Siento que debemos dejar nuestras mulas aquí y trepar las rocas sin ellas para alcanzar la cima». «Pero eso será muy peligroso», respondió el otro. Eventualmente acordaron en seguir hacia adelante y construir el retiro en la meseta cercana a la cima. Los trabajos comenzaron y eventualmente un retiro muy hermoso fue construido.

Cuando los dos hombres regresaron para dar al rey su informe, éste dijo: «Bien, bien. Me alegra oír hablar del retiro, pero más importante que el retiro habría sido vuestro viaje a la cima. debido a que no se atrevieron a alcanzar la cima y hacer todo esfuerzo para construir el retiro allí, estoy decepcionado. Pero les agradezco por todo lo que hicieron».

Más tarde, la reina le preguntó por qué no estaba satisfecho con la construcción. El rey explicó: «Yo mismo ascendí a la cumbre y puse dos cajas de piedras preciosas, oro y antigüedades allí arriba con los nombres de los dos hombres. Pero ellos fracasaron en el ascenso, perdiendo, de este modo, su regalo –lo que hubiera supuesto una renta suficiente para ellos para los próximos cien años».

Los dos comandantes eran desertores. No alcanzaron su meta, la cima, sino que quedaron satisfechos con la alternativa.

En esta historia, la cima de la montaña significa el Ser. No debemos estar satisfechos por enfocar nuestra conciencia en cualquier área inferior a la cima. Cualquier ubicación por debajo de la cumbre es un fracaso para nosotros.

Los tesoros se hallan en el nivel de nuestra conciencia, así como en el nivel de nuestro atrevimiento y coraje.

Muchos de nosotros fracasamos al intentar alcanzar el destino que está predestinado para nosotros cuando no obedecemos las indicaciones de nuestro Rey Interior.

Muchos de nosotros fracasamos cuando nos identificamos con la labor y perdemos de vista el propósito de la labor.

V

SERVICIO

El Maestro Tibetano una vez dijo que las personas pueden avanzar de dos maneras: a través de la meditación y a través del servicio. Cuando se le preguntó qué era mejor, Él dijo que el servicio es mejor que la meditación.

El servicio incluye la meditación. La meditación es el esfuerzo sostenido por entrar en contacto con valores superiores; el servicio está manifestando ese contacto en nuestras acciones y actividades.

Antes de que pensemos en detalle acerca del servicio, debemos saber que cada vez que pensamos, hablamos o actuamos, estamos sirviendo a alguien o a algo. La principal pregunta a hacer es: «¿A quién y a qué estoy sirviendo?». Meditar sobre esta pregunta nos proporcionará gran iluminación en nuestra vida. A menudo desconocemos la respuesta, pero cuando la descubramos, nuestra vida cambiará inmensamente.

Debemos descubrir, por ejemplo, si estamos sirviendo o no a cosas como nuestra vanidad, ego, odio, celos, sexo, estómago, casa, negocios, tontería o sugestiones post-hipnóticas acumuladas. La mayoría de la humanidad sirve a estas cosas, lo que significa que dedican sus pensamientos, acciones y sentimientos a estas cosas. Afortunadamente, existen aquellos que están sirviendo a causas y valores más elevados.

Es muy bueno sentarse dos o tres minutos diarios y considerar a qué estamos sirviendo. aquello a lo que servimos dirige nuestra energía y nos convertimos en el objeto de lo que servimos. El objeto de nuestro servicio formula y luego construye nuestra futura imagen.

Las personas se encuentran en diferentes situaciones y condiciones de vida porque sirven a diferentes «señores» –diferentes objetos o personas. Los rostros de las personas son diferentes, su salud y sus vidas son diferentes porque sirven a diferentes objetivos. Las personas que son mitad sanas y mitad enfermas, mitad hermosas y mitad feas, están sirviendo a «señores mezclados». La persona se convierte en el objeto al que sirve.

El Señor Buddha, en una de Sus charlas, dijo: «Me convertí en un Buddha porque, a lo largo de millones de años, serví a Buddhas». Un examen superficial de esta afirmación no revela mucho, pero si una persona medita sobre ello, encontrará algo muy importante. Durante millones de eras y encarnaciones, el Señor Buddha sirvió a otros Buddhas –Aquellos Que sirven a la Luz Suprema. De esta manera, la vida del Señor Buddha se dedicó a la Luz, al Gran Propósito y al Plan, los objetivos de estos Grandes Seres –y debido a Su servicio a estos Grandes Seres, se convirtió en uno de Ellos.

Vemos en esto que una persona no puede alcanzar cotas y poder espirituales a menos que dedique toda su vida al servicio de un Gran Ser, o sirva a los discípulos de los Grandes Seres. Al servir, una persona se está ejerciendo y sublimando, y eventualmente el objeto de su servicio revelará la gran belleza que el servidor es en esencia.

La ciencia del servicio se basa en cinco premisas muy importantes:

1. ***No hay servicio excepto desarrollando olvido de uno mismo y usándolo a través de todo su ser.*** O estamos sirviendo totalmente, o estamos haciendo negocios o tenemos intereses egoístas con el «servicio».

2. ***Debemos servir sin esperar resultados.*** Este es un aspecto muy importante del servicio y uno en el que muchos de nosotros fallamos. Cuando servimos, usualmente esperamos resultados. En las enseñanzas más elevadas, especialmente en el *Bhagavad Gita*, se nos orienta a servir sin pensar en los resultados. Cuando pensamos en los resultados, estamos sirviendo a los resultados. El servicio no se orienta hacia la producción de resultados o recompensas, sino hacia la liberación de nuestra divinidad y hacia el contacto con la divinidad de los otros.

3. ***Debemos usar habilidades progresivas y avanzadas en el servicio*** –no las herramientas y dispositivos que usábamos en el servicio hace diez millones de años. Por ejemplo, tu cerebro va a servir, por lo que vas a hacer que ese cerebro esté al día, y actualizar tus habilidades para que tu servicio sea mejor y tenga mayores cualidades que antes. Las personas que no cultivan sus talentos se convierten en servidores obsoletos. Las herramientas que se usaban para construir una casa hace cinco mil años no se pueden emplear ahora. ¿Qué ocurre con nuestras herramientas mentales, sentimientos, habla y peculiaridades? Necesitamos progresar en nuestras habilidades, sirviendo a través del avance progresivo en el desarrollo de nuestras habilidades, herramientas e instrumentos internos y externos, en tal grado que podamos satisfacer las necesidades de los tiempos venideros.

4. ***Podemos servir solamente eliminando el comportamiento, los pensamientos y las acciones perjudiciales.*** Cuando sirvas, asegúrate que esto constituya la base de tu servicio. Si usas estos métodos de servicio, estás jugando tus cartas «legalmente», y prestando un auténtico servicio. Sin estos, el servicio se vuelve perjudicial, inútil y egoísta. En otras palabras, no es servicio.

5. ***Nuestro servicio se debe anclar en nuestro sentido de responsabilidad.*** El servicio no es válido si el servidor no opera bajo la luz del sentido de responsabilidad. Cada acción de auténtico servicio se comprueba a través de la luz de este sentido. El sentido de responsabilidad es el único instrumento psíquico dentro de una persona que guía sus pensamientos, palabras y acciones en armonía con los Mundos Superiores.

Meditación sobre el Servicio

Hay catorce ramas principales de servicio. Se pueden utilizar como pensamientos-semilla para la meditación.

1. ***Servicio al Ser Uno.*** Este es el servicio más elevado, un servicio de dificultad máxima, en el que una persona sirve al Supremo que está en todo y en todas partes. ¿Cómo podemos servir al Ser Uno sin daño, fricción, disputa, destrucción, sin seguir nuestro odio, celos, traición, calumnia, etc.? Cristo se refirió a esta rama de servicio de una forma muy hermosa cuando preguntó: «¿Cómo puedes amar a Dios en el cielo si no amas al hermano que está aquí contigo?». Él enfatizó que Dios está en todas partes. Hoy llamamos a Dios «el Ser», Aquel que está en los árboles, en los animales, en las estrellas –en todas las cosas.

¿Cómo podemos servir a Dios en todas las cosas? Muchas instrucciónes sobre cómo alcanzar este objetivo han sido dadas en distintas escrituras, incluyendo los *Upanishads* y el *Bhagavad Gita*. Todas estas instrucciones están de acuerdo en que una persona no debe actuar contra el Ser Uno. El estudio y la meditación sobre estas instrucciones revelarán muchos nuevos puntos de vista dentro de nosotros.

Servimos tanto a los individuos como al Propósito, porque no hay diferencias entre los individuos y el Propósito. Sirviendo al Ser Uno, si yo te sirvo, estoy sirviendo a Dios, al Ser Uno, al Dios dentro de cada ser humano. Pero debemos servir a Dios dentro de ellos –no a sus espejismos, ilusiones, odios, vanidades, calumnia y malicia.

Hay un saludo muy hermoso en sánscrito –*Namaskara*– que significa: «Saludo al Ser dentro de ti». En lugar de decir buenos días a la nariz o al rostro de una persona, ¡di buenos días al Ser dentro de ellos! Pueden ser sucios en su vida personal pero nunca serán sucios en ese Ser. Saluda al Ser dentro de ellos. Cuando servimos al Ser dentro de los otros, estamos sirviendo a Dios. Por supuesto, no debemos servir de forma que permitamos que las personas tomen ventaja sobre nosotros. No debemos tener vanidad por servir a los demás. No estamos sirviendo a otros; estamos sirviendo al Dios dentro de ellos.

2. ***Servicio a aquellos que están sirviendo al Ser Uno***. Por ejemplo, si no puedes servir directamente a la unidad de las naciones, pero hay un presidente que está sirviendo a esa unidad, puedes servir a ese presidente. Los grandes profetas, los grandes Buddhas, los grandes Arhats están sirviendo al Ser Uno. Podemos al menos servirles para que Ellos puedan llevar a cabo Su trabajo de la mejor forma posible. Ellos estarán motivados e inspirados por nosotros.

3. ***Servicio al Plan.*** ¿Estamos sirviendo al Plan? Cuando decimos: «el Plan», las personas a veces se confunden acerca de a qué nos estamos refiriendo. Cierto día estaba hablando con un hombre «religioso» que insistía en que el Plan era satánico. «No hables del Plan», afirmó. «Los rusos tienen un plan quinquenal, ¡de modo que el Plan debe ser algo peligroso!».

En los términos más sencillos, el Plan está formulado para traer prosperidad a la Tierra de los siguientes modos:

a. Traer prosperidad material. Ya no nos preocuparemos más de lo que vamos a comer, beber, vestir y así sucesivamente.

b. Traer salud universal.

c. Traer paz y cooperación universales. Esto es lo que los Grandes Seres piensan que es bueno para nosotros. Los discípulos o Maestros no imponen Su voluntad; Ellos nos la presentan. Y si una persona es inteligente, la seguirá. Si no lo es, golpeará su cabeza contra una y otra pared hasta que finalmente aprenda a seguir el mejor consejo. Si hubiéramos tenido paz y cooperación universales hace diez mil años, todos nosotros seríamos muy ricos hoy; no necesitaríamos pagar los impuestos, ni tendríamos guerras, luchas, batallas y asesinatos que están debilitando al mundo hoy en día. La paz y la cooperación universales son parte del Plan.

d. Eliminar los problemas de ruido, radioactividad y todos los venenos. Los grandes pensadores están intentando convencernos de que la polución y los venenos no son buenos para nosotros. El Plan es penetrar ahora en la conciencia humana, pero los humanos creen que ellos la están creando. El Plan se está transmitiendo desde los Reinos Superiores, inspirándonos a entrar en acción. Estamos descubriendo, por ejemplo, que el sonido inaudible es más peligroso que el audible y que los dispositivos que usan vibraciones ultrasónicas para matar roedores y otras plagas también matan a los humanos. La Jerarquía está trabajando para impresionar en las mentes humanas para que eliminen el gran problema de la contaminación acústica.

e. Cultivar virtudes.

f. Desplegar los poderes del Alma, tales como recto pensamiento, creatividad, clarividencia, clariaudiencia y sensibilidad.

g. Hacer contacto consciente con los Mundos Superiores.

4. ***Servicio a aquellos que sirven al Plan.*** Si no servimos a aquellos que sirven al Plan, ellos tendrán que malgastar tiempo y energía en asuntos insignificantes y poco importantes y pueden verse afectados hasta el punto de no poder servir al Plan de todo corazón. Sirve al Plan; y si no puedes, sirve a aquellos que sirven al Plan. Cierto día alguien vino a decirme: «No puedo trabajar en su oficina, pero quiero ayudar con sus metas. Aquí hay cinco mil dólares». Esto es también servicio porque esa persona sirvió a alguien que está sirviendo al Plan.

5. ***Servicio a la belleza.*** Hay muchas personas sirviendo a la belleza a través de las artes, la danza, la música, el pensamiento hermoso, el comportamiento hermoso, y cosas similares. Debemos determinar qué porcentaje de nuestras acciones sirve a la belleza e incrementar ese porcentaje.

6. ***Servicio al espíritu de gratitud.*** Desarrolla en otros el espíritu de gratitud. Sé agradecido tú mismo.

Algunas personas no tienen gratitud. Recuerdo una señora que recibió un coche para su cumpleaños y dijo, cuando le trajeron el coche: «no tiene llantas blancas». Todos se sintieron decepcionados. Es importante ser agradecido. En otro ejemplo, alguien pinta una puerta y tú dices: «Pintaste la puerta, pero ¿ves ese pequeño espacio que no pintaste?». La gratitud es muy noble.

La ingratitud hiere los corazones de las personas. Es como tomar un cuchillo y matarlas. En todas las cosas, mira algo hermoso y expresa tu gratitud. Olvida las cosas tontas e insignificantes. El hombre no es perfecto.

La ingratitud también produce muchos de los venenos que existen entre maridos y esposas. O bien no son igualmente agradecidos el uno con el otro, o uno de ellos es totalmente desagradecido con el otro. Por ejemplo, a la mujer no le gusta nada de lo que hace el marido, sea lo que sea. En esta situación, no se llega a ninguna parte. Sus vidas están envenenadas.

Cuando una persona sirve al espíritu de gratitud, desarrolla ese mismo espíritu en su hogar. Si el espíritu de gratitud no existe en nuestros hogares, es un indicio que estamos sirviendo a los «señores» mencionados previamente.

7. ***Servicio al espíritu de unidad y síntesis.*** Las personas a menudo sirven al separatismo y la división, creando fisuras. El servicio se debe dedicar a la unidad y la síntesis en el pensamiento, el habla y la acción. Por ejemplo, si visitas otra nación y, luego de retornar a casa, dices: «Aquellas personas eran muy sucias, muy malas», esto no es servir a la unidad. Vas a ver y decir cosas hermosas para que crees el espíritu de síntesis y servicio. Si tus pensamientos y discurso no se relacionan con la síntesis y la unidad, eres culpable de crear división, fisuras y separatismo dentro del cuerpo de la humanidad. Servir a la unidad y la síntesis es una tarea y una responsabilidad supremas. ¿Cómo podemos hacer que las personas entiendan esto?

8. ***Servicio para dispersar la vanidad.*** La vanidad es como una nube oscura de elementos químicos que está suspendida sobre nuestras ciudades, impidiendo que el sol brille. La dispersión de la vanidad es un gran servicio porque haciendo eso, estamos permitiendo que la luz brille sobre todos.

Las personas están llenas de vanidad. Parecen comprender todo; saben todo; tienen todo. Dan instrucciones y órdenes a todos. Necesitamos bajar un poco. muy sutilmente, técnicamente, con mucho tacto y diplomáticamente, es un servicio para hacer que las personas se den cuenta que están sirviendo a sus vanidades. Si la vanidad es «señor» sobre una persona, ésta va a ser una fuente de vanidad en el mundo.

9. ***Servicio a la Ley de Economía.*** En la Enseñanza, el desperdicio es el mayor pecado. No debemos desperdiciar los ofrecimientos que Dios nos da. Todo lo que tenemos es un regalo que no debemos desperdiciar. Abrimos un paquete de toallas de papel y las usamos todas en treinta minutos. ¿Qué está ocurriendo? En esa media hora, se han gastado setenta céntimos. Pero decimos: «Eran sólo setenta céntimos. ¿Y qué?». No se trata de los setenta céntimos ni del uso de las toallas, sino de nuestro despilfarro, que es realmente peligroso.

La gente flagrantemente malgasta la electricidad, el agua, el gas y otros recursos. Necesitamos recordar apagar las luces cuando no las necesitamos. A veces el agua se deja correr cuando nadie la está usando. Las personas a menudo piensan: «El grifo estuvo abierto tres minutos. Si el grifo está abierto durante todo un día, solo cuesta un dólar. ¡Estás loco!». No importa lo que ellos piensen, esto es despilfarro y está en contra de la Ley de Economía. Compramos un par de zapatos, nos los ponemos unas pocas veces, y luego los tiramos. ¿Por qué? Si se los diéramos a alguien que pudiera usarlos, eso sería diferente. Pero tirar las cosas a la basura y dejarlas inservibles es malo para nosotros. Necesitamos usar los objetos o hacer uso de ellos y servir a la Ley de la Economía en nuestro discurso, pensamientos y energía nerviosa.

Cierta vez, cuando estaba en Europa, alguien programaba conferencias a diario para mí en diferentes sitios. Estaban organizadas de tal forma que iba de un lado a otro de la ciudad. Pregunté: «¿Qué tipo de arreglo es este? No es económico». La persona dijo: «¿Qué más le da a usted? Estoy conduciendo y poniendo la gasolina yo». «Sí», dije, «pero estoy malgastando mi tiempo y energía».

La Ciencia de la Economía es una ciencia esencial. Tiempo, energía, dinero, cuerpo y todo lo que tenemos son bendiciones de Dios. No podemos malgastarlos; debemos disfrutarlos, pero sin malgastarlos.

10. ***Servicio para dispersar imágenes de la personalidad construidas artificialmente y hacer que las personas se conviertan en su esencia –lo que deberían ser.*** Este es un gran servicio. Toma, por ejemplo, una persona que está totalmente oculta tras cien máscaras, motivos e intenciones diferentes. Traerlas a la luz es un trabajo hercúleo. Llevar máscaras es un asunto tan sensible que matará al portador si nos acercamos a él diciéndole directamente: «Eres un hipócrita; eres esto o aquello». No vamos a hacer esto. Hipnóticamente, estas acciones construyen la imagen de nuestras palabras dentro de la persona. Algunas personas viven como reyes, comandantes, soldados; lo que sea. Ellos viven simplemente como la imagen que tienen en sus mentes. Debemos, sin dañar, eliminar esa imagen y hacer que sean ellos mismos. Este es un servicio muy difícil y, por supuesto, una persona debe ser educada y entrenada para desempeñarlo.

11. ***Servicio para fomentar la renunciación.*** ¿Puedes renunciar a aquellas cosas que ya no te son útiles? Si las cosas no son útiles mentalmente, emocionalmente, físicamente, de una manera objetiva, entonces, renuncia a ellas. Como mínimo, no te apegues a ellas. Este es un gran servicio que tú puedes rendir.

La renunciación es una señal de que una persona está mudando su piel, como un réptil –una imagen de renunciación pura. Una «piel» particular ya no es apropiada para ti, de modo que estás trascendiéndola. ¿Por qué mantenerla? Por ejemplo, ahora pesas noventa kilos y no puedes ponerte un traje que llevabas cuando pesabas ochenta kilos. Renuncia al traje.

La renunciación no es dolorosa. Desafortunadamente, distintas personas religiosas han hecho que estas palabras sean muy dolorosas, a través de la asociación negativa, haciendo que parezca como si nos fueran a sacar los dientes.

La renunciación es un proceso natural. Renuncias a tus «ositos de peluche», ¿verdad? ¿Puedes hacer esto? Si no puedes, entonces juega con los «ositos de peluche». No estás progresando con la edad. Acepta la renunciación con comprensión alegre. No aceptes las interpretaciones dolorosas con las que has sido mal informado.

12. ***Servicio para hacer que una persona se valga por sí mismo.*** La mayoría de personas dependen y se apoyan sobre otros. Es muy interesante crear independencia en los demás para que se valgan por sí mismos. Haciendo esto, ayudamos a que una persona progrese en el Sendero y sea alguien, sea algo.

Debemos tomar en consideración cuando ayudamos a otros, si la asistencia que damos está debilitándoles o no. Cuando era joven, fui a casa de un vecino para trabajar en el jardín. Dos chicos que vivían allí observaron cómo trabajé durante tres horas, mientras fumaban y bebían té o café. Me dije: «Haz tu trabajo, pero observa la situación».

13. ***Servicio para enseñar a las personas acerca del karma*** para que puedan aprender los resultados perjudiciales de sus acciones.

14. ***Servicio a la Ley de Reencarnación.*** Sutil, inteligente, sabia y filosóficamente, vamos a exponer e interpretar esta Ley para que las personas la acepten y la entiendan. Una vez envié la publicación *Diálogo con Cristo*[9] a un obispo que despreciaba la Ley de Reencarnación. Me escribió una carta de agradecimiento, diciendo: «Usted incluyó una pequeña historia en el libro que abrió mi mente». Él se estaba refiriendo a la historia del hijo joven de un vecino que golpeó mi puerta y dijo: «¡Odio a Dios!». Cuando le pregunté por qué odiaba a Dios, respondió: «Porque Dios ha matado a mi amigo. Él iba corriendo hacia la calle cuando un coche pasó por encima de él. ¿Cómo puedo amar a Dios?». Le expliqué la Ley de Reencarnación y el concepto de karma, y pregunté al Señor: «¿Hice algo malo si explicando esta Ley gané su corazón y le di alegría?». La historia no explica si hay o no reencarnación, pero el obispo comprendió.

El tema de la reencarnación se debe presentar muy sutilmente para evitar crear reacciones.

Estudiar la Ley de Reencarnación también es un servicio. Cuando estudiamos, profundizamos en ella. No estoy

9. *Dialogue with Christ*, de Torkom Saraydarian (Agoura, CA: Aquarian Educational Group, 1979).

diciendo que necesariamente debamos aceptar las cosas que se nos dice. Busca información adicional. Si una persona tiene experiencias pasadas, no necesita ni siquiera una prueba. Si en una vida somos conscientes del mundo sutil, en la siguiente vida aceptaremos la idea de la reencarnación. Pero si una persona no ha tenido esa experiencia, no la aceptará.

Estos catorce puntos sintetizan todos los servicios. Son grandes ramas con miles de pequeñas ramitas creciendo de cada una de ellas. Pensar sobre estos catorce puntos puede traernos iluminación.

No estoy sugiriendo que sirvamos a las personas que no toman la responsabilidad de sus propios problemas. Debemos preguntarnos a quién estamos sirviendo. ¿Estamos sirviendo a los grandes intereses de explotadores y del crimen organizado? Quizás trabajando en una determinada fábrica estamos ayudando a que los propietarios pongan todos los beneficios de esa fábrica en la compraventa de narcóticos. ¿A quién estamos sirviendo? Al pensar sobre esta pregunta, se revelarán respuestas a nuestra mente y nos sorprenderemos. ¿Estamos sirviendo al materialismo, el odio, la guerra, los armamentos? A veces es bueno no servir. Esto en sí mismo puede ser también un gran servicio.

Parece que no es fácil ganarse la vida en este planeta sin servir a algo equivocado, en algún lugar. Puede parecer así, pero en realidad no es así. Un día, después de escuchar una conferencia que yo había dado sobre el licor, un chico que estaba trabajando en una licorería me dijo: «¿Cómo voy a ganar dinero? Estoy trabajando en la licorería y ganando diez dólares por hora». Dije: «No te dije que dejaras el trabajo. Te di principios para seguir. Haz lo que quieras». Dos días después fue asesinado durante un atraco. ¿Por qué estaba vendiendo alcohol que estaba destruyendo a las personas? Es legal; genera impuestos. Pero no nos trae los «ingresos» correctos. Aquel chico era inteligente y hermoso, y podía haber trabajado en cualquier otro sitio.

El karma es el resultado del servicio, ya sea a metas erróneas o a metas correctas. En este mundo tenemos sufrimiento, dolor y distintos problemas porque servimos a muchos «señores» equivocados. Hay correctos y equivocados. ¿Cuáles elegimos?

Una de las preguntas en un curso de meditación es: «¿Qué es el servicio?». He recibido varios cientos de documentos de estudiantes sobre el servicio. Cada uno de ellos es único. Cada estudiante ha tomado un aspecto diferente del servicio. Algunos han penetrado un poco más profundamente o con más colorido que otros, pero todos son hermosos. Por supuesto, todos ellos pueden penentrar más profundamente en la Ciencia del Servicio. La respuesta a «¿qué es servicio?» se debe hallar a través de la investigación científica.

Esta es una ciencia que debe empezarse a discutir. Si hayas artículos o información hermosa sobre la Ciencia del Servicio, envíamelos. Recopílalos, publícalos o escribe sobre ellos. Hay millones de cursos en escuelas, pero ¿hay un curso que enseñe la Ciencia del Servicio en alguna universidad en la actualidad? Los aspectos más importantes son a menudo eliminados del currículum.

Cómo Servir al Instructor

El sentido de responsabilidad controla y guía el servicio que prestamos a los otros y a la Naturaleza. En el sendero del discipulado, nuestro sentido de responsabilidad es puesto a prueba y es templado por el servicio que prestamos a nuestro instructor espiritual. ¿Cómo podemos prestar tal servicio? Por ejemplo:

1. A través de la comprensión y la práctica de la sabiduría del instructor.
2. Ofreciéndole los regalos de nuestro trabajo y esfuerzo.
3. Protegiéndole a él y a su nombre de la malicia y la calumnia.
4. Difundiendo su enseñanza y continuando su servicio cuando él fallezca.
5. No permitiendo que ninguna de sus obras creativas se pierda después de que él haya fallecido.
6. No permitiendo que la gente distorsione su enseñanza y su auténtica imagen.
7. Enviándole amor y bendiciones durante su vida en la Tierra y en el más allá.

El *Lotus Sutra* clarifica estos puntos cuando afirma:

> *Uno puede convertirse en un Buddha solamente después de servir a miles de Buddhas a través de sus muchas encarnaciones.*

Nadie puede hacer progresos en la vida a menos que sirva a su instructor. Incluso después de convertirse él mismo en un instructor, servirá a su siguiente instructor, y así sucesivamente. Servir al eslabón superior es el sendero regio de progreso. Y por supuesto, un auténtico instructor nunca explotará ni manipulará a sus colaboradores, sino que más bien sacrificará su vida totalmente por ellos.

Una vez más, un auténtico instructor nunca desarrollará orgullo o ego cuando las personas empiecen a servirle y seguir sus instrucciones. Si lo hace, se saldrá de su sendero.

Las falsas filosofías se están utilizando para destruir el concepto de servir al instructor. Este es un ataque intencionado hacia aquellos que están ansiosos de viajar por el sendero. El plan es alejar a las personas de su fuente de guía para que estos inocentes puedan ser manipulados y dejados sin liderazgo.

Por supuesto, muchos falsos instructores han contribuido con este ataque. Pero la luz está emergiendo de nuevo y las personas se están dando cuenta que allí no habrá progreso sin guía. Los Grandes Seres, tales como el Señor Buddha o el Cristo, son servidos por medio de la dedicación total de nuestra vida a la Causa que Ellos presentaron a través de su Enseñanza.

El regalo que podemos darles es nuestra vida perfeccionada. Cada vida debe ser como un diamante ofrecido a Ellos como un regalo. Cuando este «diamante» aumente, vida tras vida de modo que alcance un cierto «quilate», seremos aceptados por Ellos como Arhats iluminados y continuaremos hacia la Maestría.

Este progreso se basa de nuevo en el servicio sacrificado, demostrado en cada hora de nuestra vida, para incrementar Su influencia espiritual sobre el mundo.

El servicio significa la capacidad de limpiar el sendero y pavimentar el camino de progreso de otras personas, para que evolucionen y florezcan.

El sacrificio significa que estás dando tu propio tiempo, energía y dinero para hacer posible tu servicio a los demás.

Hay ciertos impactos que, como una flecha, golpean tus chakras de la cabeza. Estos son liberados por tu Instructor para romper ciertas cristalizaciones y redes alrededor del chakra, para así ayudarlo a abrirse y desplegarse. Un fuerte dolor acompaña a menudo estos impactos y a veces se sienten tensión y presión en la cabeza –no habiendo causas físicas.

VI

HAZ BRILLAR LA LUZ

Es importante que nuestra Luz brille: la Luz que es la Presencia Divina en nosotros, la Luz que somos en nuestra esencia. Esta Luz debe brillar, limpiando todo lo que no esté en armonía con esa pura Luz Divina dentro de cada uno de nosotros. Debe purificar nuestras ilusiones u obstáculos mentales, espejismos o cristalizaciones emocionales, inercias o cortocircuitos etéricos, y nuestras enfermedades o condiciones físicas poco saludables.

MEDITACIÓN

Lo siguiente es una meditación que nos permite hacer brillar nuestra Luz y eliminar todos los obstáculos.

1. Siéntate con las piernas cruzadas, o en una silla, y mantén la columna recta pero relajada.
2. Visualiza la Luz Divina. Esto simplemente significa ver la pura Luz Divina dentro de ti, en el centro de tu corazón, a unos quince centímetros de tu cuerpo, en la espalda.
3. Cuando visualices que esto está teniendo lugar, pronuncia suavemente las palabras de poder dadas por Cristo:

Deja que mi Luz brille

Repite las palabras de poder con intensa concentración en la pura Luz de tu corazón, unos quince centímetros detrás de tu cuerpo, en la espalda. Mientras tanto, visualiza cómo la Luz está irradiando desde tu centro cardíaco y penetrando a lo largo de tus cuerpos mental, astral, etérico y físico, limpiándolos de toda ilusión, espejismo, inercia y enfermedad –quemándolas y lanzado las cenizas al espacio.

4. Haz esto veinticinco veces cada día durante una semana.
5. La segunda semana, repite las palabras de poder 50 veces; la tercera semana, 75 veces; la cuarta semana, 100 veces.
6. Continúa esto durante seis meses.
7. Obsérvate cada día en términos de tu:
   - Mente.
   - Emociones.
   - Cuerpo.
   - Creatividad.
   - Salud.

   y registra todos los logros y cambios en un diario especial.
8. Al principio puedes experimentar resistencia de tus diversos vehículos, pero ésta lentamente desaparecerá. Estas señales de resistencia se deben observar y registrar.
9. Continúa esta meditación hasta el final de tu vida.

La Luz, la Divina Presencia dentro de nosotros, está en una tumba construida por tus ilusiones, espejismos, inercia, dolor, sufrimiento, fracasos, hechos errados, sentimientos de culpabilidad y miedos.

La Luz, que es nuestro auténtico Ser, debe resucitar con toda Su gloria y poder. En el proceso de resurrección, purificará y regenerará todo lo que no esté en armonía con la luz pura, la alegría y el gozo puros.

Después de usar estas palabras de poder durante todo un año, puede que observes una regeneración en tu sistema a medida que la Luz empieza a ser liberada y circular a través de tu ser.

Puede que veas grandes cambios en tu entorno. Gradualmente, la Luz en expansión pavimenta el camino para ayudarte a alcanzar la continuidad de conciencia.

Cuando te vuelves mecánico al usar estas palabras de poder, no solo no conseguirás ningún resultado, sino que incluso puede que sientas distintas reacciones. **Durante la pronunciación de las palabras de poder, tu visualización debe ser pura y tu conciencia debe estar despierta.**

El poder de estas palabras es inmenso. Puedes alcanzar esa inmensidad gradualmente, a medida que la Luz empiece a liberarse y se incremente tu fe en la disciplina.

Que la Divina Abundancia irradie a través de ti al mundo, inundándolo de paz, alegría, salud y libertad.

VII

GENEROSIDAD

Las personas piensan que la generosidad es lo opuesto a la economía y que la exactitud es lo opuesto a la tolerancia. Sin embargo, la generosidad es la capacidad para satisfacer las necesidades de los otros sin malgastar tiempo ni materia. La generosidad es la voluntad de compartir –no de malgastar. La economía es inherente a la generosidad; actúa como un principio de discriminación –un proceso para elegir qué semillas dan el mejor fruto. La generosidad es una acción para incrementar la sustancia compartiéndola con otros. Es economía en acción. La generosidad es el proceso de cosechar mucho más que lo que se distribuye a los demás. La exactitud es la capacidad de usar el tiempo, la energía, el espacio y la materia de forma adecuada a los objetivos.

Qué tonto es el granjero que piense que al negarse a sembrar las semillas en su cobertizo ahorrará o economizará. Un verdadero acto de economía sería sembrar estas semillas en los campos, para conseguir tanta cosecha como lo permita su almacenamiento.

No puedes inundar el carburador de tu automóvil con gasolina y llamarte a ti mismo tolerante. La tolerancia no significa permitir una acción indiscriminada en la que la materia, la energía, el tiempo y el espacio se desperdicien o se usen sin propósito. Un ingeniero no puede permitir que una compañía produzca piezas de una máquina que no encajen apropiadamente, aún cuando esa acción se considere intolerante.

La tolerancia no permite que un tren salga o un avión despegue sin un horario preciso. La tolerancia no permite que una persona se destruya a símisma través de distintos abusos. La tolerancia es la capacidad de comprender los motivos y los puntos de vista de los demás, de forma tan precisa como sea posible.

La tolerancia es el poder de supervisión. Si dejas que tus hijos naden en el río o hagan distintos deportes, los observas cuidadosamente y con exactitud sabes qué hacer en caso que estén en peligro.

La tolerancia conoce la debilidad humana. La precisión y la exactitud son un reto para evocar las virtudes divinas en los seres humanos. La tolerancia trabaja cuando uno está dentro de los límites de seguridad, así como cuando uno está bajo un gran riesgo. La exactitud trabaja para que la ley de la seguridad no falle en caso de riesgos. De este modo, los dos mundos de tolerancia y exactitud están en equilibrio, no porque dos fuerzas antagónicas o diferentes estén actuando sobre ellas, sino a causa de la cooperación precisa entre estas dos fuerzas. La cooperación surge como resultado de la comprensión de estas dos fuerzas en relación con el trabajo a realizar.

Las personas creen que el descanso es lo opuesto del trabajo. En realidad, se complementan entre sí. Cuando una persona ejecuta su labor de forma correcta, da descanso a su corazón, que a su vez recarga su organismo. Las personas tienen un concepto equivocado del descanso. El descanso para ellos es un estado de inmovilidad o indulgencia. El descanso es en realidad parte de una composición donde se observan las pausas para hacer más impresionante la sinfonía.

La inmovilidad no existe en la Naturaleza. La Naturaleza es movimiento, un flujo constante –y el hombre es parte de la Naturaleza. El descanso verdadero es un estado en el que se crea un vacío para absorber más dinamismo para una labor superior.

Cierta vez mi padre dijo: «Vamos a las montañas para un descanso absoluto». Mi padre, mi madre y todos nosotros, sus cuatro hijos, trabajamos muy duramente cocinando y preparando todo lo que necesitábamos llevar con nosotros. De hecho, hicimos horas extra para estar preparados para ir a un descanso.

Después de conducir más de trescientos veinte kilómetros, llegamos a las montañas y trabajamos muy duramente instalando nuestras tiendas y poniendo todo en el sitio correcto. Caminamos, nadamos, cocinamos y recogimos leña cada día durante dos semanas.

Tras nuestro regreso, desempaquetamos toda la carga. Mi padre dijo: «Sentémonos y registremos las horas que estuvimos activos durante nuestras vacaciones». Los resultados fueron asombrosos. Mi madre había trabajado o había estado activa catorce horas al día. Nosotros, los niños, habíamos estado activos un promedio de dieciséis horas al día. El resultado fue que descansamos trabajando cientos de horas extra.

«Pero estáis felices, ¿verdad?», preguntó mi padre. Todos coincidimos que lo estábamos. «Esa es la idea del descanso -trabajar más duro para ser feliz», concluyó.

VIII

VERGÜENZA

Las personas no tienen idea que el sentimiento de vergüenza es una buena señal, en el sentido que denota la proximidad del alma humana a la Presencia Interior. También es una señal de que una persona siente la presencia de aquellos que observan a los seres humanos. Además, indica que el sentido de dirección y conciencia[10] todavía está operando en esa persona.

Si una persona no siente vergüenza por sus acciones perjudiciales o feas, significa que no tiene código ético, ni normas o principios, o tal vez que su sensibilidad interna está muerta. En Oriente Medio se dice que, si escupes en el rostro de una persona sinvergüenza, ella piensa que está lloviendo.

Sentirse avergonzado es una señal de que una persona:

a. Tiene un conflicto interno.
b. Está arrepentida de sus acciones, palabras o pensamientos.
c. Es capaz de juzgarse a sí misma.
d. Se está sintiendo miserable.

10. N. del T.: del vocablo inglés *conscience*.

Es muy probable que esta persona sea extremadamente cuidadosa para no avergonzarse más a sí misma, a su familia o a su nación. Sentirse avergonzado es un mecanismo natural para mejorar la vida. Por supuesto, es posible que una persona pueda caer en una depresión y odiarse a sí misma, desarrollar un complejo de inferioridad, y cosas similares. Pero la persona no puede apagar la voz interna que le condena por sus acciones.

Es posible hacer que una persona vuelva a estar de pie por sí misma e intente vivir de forma más noble sin destruir o insensibilizar el mecanismo de sentirse avergonzado. Toda persona tiene un tribunal interior que se enfrenta o bien al autocastigo y al sentimiento de vergüenza y miseria, o bien al hecho de que hace lo que quiere sin el más leve sentido de responsabilidad. La mejor cura para el sentimiento de vergüenza es intentar ser honesto con uno mismo y observar la moral y las leyes sagradas de donde viva.

Cuando su mecanismo de vergüenza no funciona, algunas personas dicen, piensan y hacen lo que les place. Estas personas no duran mucho; eventualmente se encontrarán bajo el martillo del karma o dentro de los muros de una prisión. Uno debe ser muy sensible a su voz interior y revisar sus pensamientos, palabras y acciones con los estándares de esa voz. Al ser sensible a la voz, uno no sólo se salva de sentir vergüenza, sino que también se protege de muchos problemas y humillaciones.

La educación moderna parece haber destruido este mecanismo. Un gran número de personas no siente vergüenza de las cosas feas que hace. Esta es una de las causas de la delincuencia y otros actos que quebrantan la ley.

Como ejemplo, hay muchas mujeres que pueden abrir la boca y emplear las palabras más groseras sin vergüenza; sus maridos responden con el mismo lenguaje. Los niños no sienten vergüenza al insultarse entre ellos en presencia de sus padres, profesores, personas mayores, etcétera. Una vez que el mecanismo interno en las personas se embota, una nación se dirige hacia funestas consecuencias.

Mi madre solía decir que la señal más hermosa en una joven es que se ruborice después de cometer un error con su comportamiento o sus palabras. Me pregunto si esto todavía es cierto. Cierta vez, después de que la policía detuviera a un joven, él me dijo: «No hice nada fundamentalmente equivocado. Simplemente vendí cocaína». Una madre una vez me dijo: «¿Por qué debo sentirme mal por acostarme con un amigo mío mientras mi marido está de vacaciones?». Otra dijo: «A mi hija le gustan varios hombres, y a ella le divierte el cambio. ¿Qué hay de malo en ello?». Un hombre de sesenta y cinco años me dijo: «No me siento culpable; ella me gusta. ¿Y qué si tiene solamente catorce años? Ella está lista para el amor, ¿qué hay de malo en ello?».

En realidad, si el mecanismo interno de sentir vergüenza está destruido, una persona no puede discernir entre lo correcto y lo incorrecto; ella sigue sus instintos animales. Es momento de re-estimular este valioso mecanismo para que las personas vuelvan a tener luz interna.

El sentimiento de vergüenza referido aquí no es un sentimiento que se imponga desde fuera, o incluso un sentimiento causado por un mecanismo establecido por tradición o costumbre en el entorno. Es un sentimiento interno de desasosiego al hacer algo equivocado acompañado por un auto-juicio correspondiente. Si las personas ven exactamente sus pensamientos, actos y palabras destructivos y desarrollan un método para el examen y el juicio a si mismas, rara vez será necesario que las demás las juzguen.

Un sentimiento de vergüenza también puede ser una fuerza que bloquea, impidiendo a una persona olvidar el pasado y seguir adelante, si es manejado emocionalmente y no a través de un análisis mental. Uno debe sentir vergüenza si hace algo erróneo a otro o incluso a sí mismo, pero debe analizar ese sentimiento e intentar tomar acciones para no tener que sentirse avergonzado de nuevo.

También es posible que un sentimiento sincero de vergüenza pueda eliminarse sin un análisis adecuado y sin llegar a la causa de ese sentimiento, eliminándolo a través del uso de la racionalización y la autojustificación. Es precisamente a través de esta acción que el mecanismo autocorrector de una persona es destruido gradualmente.

El mecanismo de sentirse avergonzado tiene una misión muy seria: advertir a la mente consciente para que no permita que algún impulso o deseo ciego subconsciente tome las riendas. Esta es la razón por la que una persona debe intentar enfrentarse a sí misma tras el sentimiento de vergüenza y así encontrar las maneras y medios de reparar el daño causado a sí misma o a otros, y tomar medidas para que no se repita de nuevo esa acción nociva o vergonzosa y no intentar justificarse.

Luego de que una persona siente vergüenza por sus acciones dañinas o feas, debe tomar medidas para «castigarse», por ejemplo:

a. Pagando por sus propios errores.
b. Pidiendo perdón.
c. Actuando contra las tendencias que le llevan a la vergüenza.
d. Cultivando virtudes y sublimando su carácter.
e. Evitando los objetos de tentación hasta que sea lo suficientemente fuerte como para manejarlos.

Hay una historia sobre un zapatero que vivió en la época medieval. Observaba cada día cómo una hermosa chica pasaba por su tienda y él empezó a sentir un profundo deseo hacia ella. Entonces, recordando que él era un devoto, se arrancó los ojos porque con ellos miraba a la chica y eso hacía que se sintiera lascivo. Este no es el tipo de autocastigo al que nos referimos aquí; esto es fe ciega e ignorancia. Si este zapatero hubiese tenido alguna luz en su cerebro, habría sabido que era él el lujurioso, no sus ojos. Arrancárselos no ayudaba; el mismo deseo permanecía en él.

El autojuicio significa encontrar la causa de la lujuria y entonces eliminarla o desarrollar virtudes superiores para controlarla. Una persona no debe herirse si quiere continuar por el sendero de perfección.

El sentimiento de vergüenza por una acción fea o dañina es un mecanismo natural para mantenernos lejos del bochorno y las complicaciones posteriores.

Hay otra virtud llamada sensibilidad. La sensibilidad es la capacidad de sentir las responsabilidades de uno mismo y las expectativas de los demás, y actuar en consonancia. Por ejemplo, se espera que estés en la oficina a las nueve en punto, pero siempre llegas unos minutos tarde. A continuación, inviertes otros quince minutos hablando con alguien –pero tu jefe espera que llegues a la hora establecida y empieces tu trabajo inmediatamente. Fallar en el cumplimiento de tus obligaciones y no ser sensible a los sentimientos de tu jefe tendrá un efecto adverso en tu trabajo. Los sentimientos hacia tu entorno y la consideración del mismo son vitales para tu vida.

A veces las personas visitan a amigos o permanecen en sus casas sin ser sensibles a los sentimientos de los habitantes del hogar. Por ejemplo, cuando los miembros de una familia están preparados para dormir, el invitado ve la televisión hasta la medianoche y perturba el descanso de todos. Incluso si la familia permite al invitado que vea la televisión sin problemas, es mejor que éste siga la rutina de la familia.

La sensibilidad es una gran virtud. Algunas personas van a casa de un amigo y usan el teléfono continuamente, como si estuvieran en su propia casa. Otros se ponen las ropas de sus amigos. Es cierto que a veces los amigos parecen no molestarse, pero si las cosas empiezan a ir mal entre ellos, tales hábitos salen a la superficie y crean tensión. No desarrolles el hábito de usar las pertenencias de tus amigos -su teléfono, zapatos, ropa, lápices, y cosas similares, excepto en una emergencia y entonces solamente con su permiso.

Algunas personas se cuelgan de sus amigos y les hacen comprarle el almuerzo o la cena. O les piden prestados unos dólares aquí y allá, o les piden paseos gratuitos a distintos lugares. Estas son señales de insensibilidad. Tarde o temprano, estas personas pierden a sus amigos. Una persona sensible debe intentar valerse por sí misma; debe ser muy cuidadosa de no ser una carga para nadie.

La sensibilidad desarrolla respeto de uno mismo e independencia y suscita confianza. Aquellos que no son sensibles pierden el respeto hacia sí mismos y la confianza de los demás. La amistad continúa solamente sobre los cimientos de la sensibilidad.

Algunas personas se sientan en casa de sus amigos y comen y beben mientras los huéspedes limpian los platos y recogen la mesa. Conozco a personas que van a casa de sus amigos e inmediatamente abren la refrigeradora para sacar una cerveza o piden usar la ducha. La sensibilidad exige que, tanto como sea posible, no seas una carga para tus amigos, porque ellos se cansarán de ti.

Conocí a un chico que llevaba a su novia a visitar a su madre viuda e inmediatamente después iba al dormitorio con su novia para hacer el amor. Al final, la mujer los echó de su casa y les dijo que no quería volver a verlos nunca más. La insensibilidad hace que desarrolles los comportamientos más feos y hace que la gente te aborrezca.

IX

CÓMO AYUDARNOS UNOS A OTROS PARA INCREMENTAR LA LUZ

Tú eres, en esencia, luz. Debes aceptar eso, pensar sobre ello, para eventualmente creerlo y actuar en consonancia. Saber esto es muy importante. Cuando estés andando, cuando estés hablando con personas, incluso cuando estés sólo o haciendo algo, siente que estás irradiando luz. Esto te da un gran poder, porque ello libera tu radioactividad.

La mayoría de personas se considera pecadora, transgresora, traidora, fracasada; que es débil y mala. Estas imágenes están en sus mentes, y por esa razón no pueden irradiar su luz o pensar de sí mismos como un núcleo de luz. Puede que hayas hecho cosas mal y hayas fallado, pero no importa; esa era tu personalidad. Si piensas profundamente en lo que eres en realidad, descubrirás que eres un punto de luz. Independientemente de tu situación y condiciones actuales, eres luz; y cuando te des cuenta de esto, la corriente de luz se incrementará dentro de ti, y cuando toques a las personas o hables con ellas, revelarás o bien su oscuridad o bien su belleza.

Este planeta fue una vez una porción del Sol. Tras una explosión gigantesca, se convirtió en la Tierra. Esta es una teoría que ahora los científicos creen que es cierta. Los seres humanos son también porciones del Sol. En tu esencia real, eres luz. Por esta razón Cristo dijo: «Que tu luz brille». Una traducción más correcta sería: «Deja que tú brilles». Dado que no se tradujo correctamente, se distorsionó. Escuchamos: «Esa es tu luz; esta es mi luz. Yo estoy brillando; tú, no». Bien, esta no es una interpretación correcta. Tú eres luz; la luz eres tú. Tú, tú mismo eres lo que brilla. El Ser Divino, la Divina Presencia dentro de ti es Luz.

Pon esta idea en tu mente y durante unos pocos minutos al día piensa que tú eres luz. Esto evitará que hagas cosas oscuras. Lo más importante que hay que saber es que tú eres luz.

Cuando decimos «luz», ¿a qué nos referimos? Un haz de luz está formado por siete hebras. Un haz de luz proveniente del Sol es energía séptuple. Más tarde, la ciencia revelará que la luz no es solamente radioactividad o radiación, sino una energía séptuple. Siete corrientes de energía combinadas conforman la luz. Estas están caracterizadas por siete cualidades.

La ***primera*** hebra es radiación que dispersa la oscuridad. Si apagamos las luces, hay oscuridad; cuando las volvemos a encender, la oscuridad desaparece. Por supuesto, esto tiene significados psicológicos, metafísicos y abstractos más profundos.

La ***segunda*** hebra es energía sanadora. Esto está comenzando a ser actualizado, como puede verse en la tecnología láser. La luz láser es una de las corrientes. El Maestro Morya afirma que muy pronto se encontrará un rayo de luz que sanará todas las enfermedades.

La ***tercera*** hebra de luz es el conocimiento. En los *Vedas*, por ejemplo, se hace referencia a «la sabiduría del Sol». Me llevó mucho tiempo comprender que esto se refiere a nuestro verdadero Sol, al Sol dador de vida. Hay conocimiento contenido en cada uno de los haces de luz.

La ***cuarta*** hebra es intuición y amor.

La ***quinta*** es poder.

La ***sexta*** hebra es visión.

La ***séptima*** hebra es revelación.

¿Por qué no podemos recibir una hebra particular de luz? Hay una ley que afirma que, de acuerdo al foco de tu conciencia, puedes recibir estas siete hebras. Depende de tu nivel de consciencia[11]. Tu conciencia trabaja como una radio. Si tienes una estación concreta, puedes recibir esa frecuencia. Hay siete estaciones dentro de ti –los siete chakras en tu cabeza. A medida que cada chakra se abre, te pone en contacto con las hebras de los rayos del Sol.

¡Cuán hermoso es que haya luz! Existe el Sol visible en el Espacio y existe otro Sol dentro de nosotros que usa las siete «estaciones»-chakra para sintonizar con el Sol visible. Cuando estos chakras se vuelven activos y funcionales, te mueves hacia la iluminación. A medida que se incrementan la comunicación y el contacto entre el Sol dentro de ti y el Sol del sistema solar, te iluminas cada vez más –se incrementa tu luz.

Tu luz se incrementa a través de la purificación. Por eso te conviertes cada vez más en luz. Entonces afirmarás que Cristo estaba hablando muy científicamente cuando Él dijo: «Que tu luz brille». Buddha dijo: «Yo soy la Luz». Cristo dijo: «Yo soy la Luz». Hermes dijo: «Yo soy la Luz». Ellos sabían que Ellos eran luz y que la luz fue revelada.

11. N. del T.: del vocablo inglés *awareness*.

Cómo incrementar nuestra Luz

Las siguientes son sugerencias prácticas, que nos ponen los pies sobre la tierra, sobre cómo incrementar nuestra luz.

1. ***Intenta iluminar tu Templo con la luz de la honestidad, la simplicidad y la realidad.*** Sé simple en tus pensamientos y tus comunicaciones –directo, claro, simple, noble y real. No te engañes.

Cuando te engañas a ti mismo, estás apagando tu luz. No es un interruptor que puedas apagar o encender sin consecuencias. Si se apaga, puede llevar tres o cuatro semanas, meses o años volverlo a encender realizando acciones abnegadas y distintas purificaciones. No apagues tu luz, bajo ninguna circunstancia. Cuando las personas caminen por la noche, verán tu casa y dirán: «Mira, aquella casa le pertenece. Mira la luz –como un árbol de Navidad».

2. ***No te contradigas.*** Las contradicciones significan que estás viviendo en la oscuridad y en la luz, y estás creando conflicto dentro de ti mismo. Te contradices a ti mismo, pensando de forma correcta e incorrecta, haciendo lo correcto y lo incorrecto, sintiendo odio y amor. Cuando haces estas cosas opuestas, te estás confundiendo.

3. ***Practica la meditación, la cual te ilumina a ti y a los demás.*** La meditación incrementa tu luz y te crea posibilidades para que atraigas más luz del Sol –e incluso de las estrellas. La luz de una estrella es su aura –el aura de esa Alma Que está viviendo dentro del cuerpo que vemos como estrella. Esa luz es muy radioactiva.

Los científicos están haciendo algo terriblemente equivocado cuando dicen: «Dentro de cincuenta millones de años el Sol se oscurecerá y se convertirá en una luna». Yo tengo noticias para ellos. El Sol está simplemente entrando en su Cuarta Iniciación; muy pronto será un Maestro. Su luz se va a incrementar, no disminuir. Los planetas que no puedan soportar esa luz e irradiarla, pasarán unos momentos muy difíciles.

Por ejemplo, si tú en verdad avanzas espiritualmente, aquellas porciones de tu cuerpo que no avancen en consonancia experimentarán problemas. En *Psicología Esotérica*[12] se escribió acerca de esto. Digamos que tú de repente recibes más energía y tus células, glándulas y órganos no pueden afrontarlo. Ellos están sometidos a estrés. Por esta razón muchos místicos y personas espirituales, al entrar en el sendero santo o en el sendero del esfuerzo, comienzan a experimentar dolor en sus ojos, en su cuerpo, su cabeza, y situaciones similares, porque la luz se está incrementando dentro de ellos.

4. ***Lee la Enseñanza.*** Muchos de ustedes se sientan frente a la televisión y ven los programas más ridículos, tontos e infantiles que estén mostrando. Los niños se sientan a ver dibujos animados, riendo mientras los personajes saltan, se golpean y se hieren unos a otros. Esto es muy feo. Estas imágenes y programación entran en sus mentes y los niños terminan siendo como los personajes que ven. Una caricatura va a ser su modelo, su estándar; lo garantizo. En su lugar, lee la Enseñanza en tu tiempo libre. Siente hambre por ella.

Recuerdo cómo en 1943 mis lecciones de meditación me fueron enviadas desde el Cairo. Eran una traducción armenia de las lecciones de estudiante de la Escuela Arcana, y tardaron seis meses en llegarme en avión desde el Cairo a Jerusalén, debido a la censura del correo en tiempos de guerra. A veces se eliminaban palabras o frases ente-

12. Alice A. Bailey, *Esoteric Psychology* (New York: Lucis Publishing Company; 1962).

ras. Un día vi en un sueño que mi lección venía en camino, así que fui a la oficina de correos para esperarla. El cartero me preguntó:

–¿Qué está esperando?

–¿Cuándo llega el correo? –respondí.

–¿Por qué está esperando? –preguntó de nuevo.

–Estoy esperando un paquete.

–¿Cómo sabe que vendrá hoy? –dijo.

–Bueno, simplemente lo sé.

Durante dos horas esperé frente al buzón de correos y cuando echaron el paquete dentro de él, lo escuché. Estuve en éxtasis durante todo el camino a casa.

Deberías desarrollar este entusiasmo por la Enseñanza. Gracias a Dios estamos viviendo en América. En este país tenemos muchos libros y otras bendiciones. No tuvimos estas ventajas entonces. Me llevó tres años conseguir *La Doctrina Secreta*[13]. El tercer volumen llegó primero; cuatro meses más tarde, llegó el segundo volumen; luego, dos años más tarde, ¡llegó finalmente el primer volumen!

Lee la Enseñanza –la Enseñanza cristalina. De esta forma, construirás tu mecanismo mental de acuerdo con estas Enseñanzas, que se basan en leyes cósmicas. Cuando hablamos sobre la luz, vemos algo muy importante. En el budismo y en otra literatura sagrada, a la luz se la conoce como ley. ¿Qué es ley? Ley es luz –la Enseñanza. Preparas tu mecanismo mental para recibir esta ley, esta Enseñanza de los Reinos Superiores, cuando tú la lees.

5. ***Practica la Enseñanza.*** ¿Por qué deberíamos incrementar la luz? Las personas preguntarán: «Si trabajo, ¿cuánto dinero ganaré?». Ellas quieren beneficios materiales. «¿Por qué estudiar acerca de la luz?», preguntan. Si no

13. H.P. Blavatsky, *La Doctrina Secreta* (Pasadena CA: última publicación en 1988, por la Theosophical University Press).

incrementamos la luz, la oscuridad causará que perezcamos. Pon esto en tu mente.

Uno de mis Instructores dijo: «Si no incrementas la luz, la oscuridad te devorará». «Desde este día en adelante», dije: «voy a hacer mi parte para incrementar la luz. No importa cuántas cosas tontas haga en mi vida, voy a incrementar la luz. Quizá llegue el día en el que ya no falle». Si no incrementas la luz, la oscuridad crecerá. Si no incrementas la rectitud, la injusticia te atrapará. Si no creas amor, respeto y belleza, el crimen te matará. Si no educas a la gente, la ignorancia te destruirá.

A veces decimos: «Este mundo está en total oscuridad, con odio, maldad, maledicencia y calumnias; con guerras, eventos demenciales, asesinatos, genocidios y cosas similares. ¿Quién soy yo para ser influyente?». Recuerda que tienes el Sol dentro de ti, y si enciendes una vela tras otra, la luz se incrementará. Aquellos que prenden sus velas atraerán más energía de tal manera que, eventualmente, de forma telepática y espiritual, condicionarán el pensamiento del mundo.

Si el mundo todavía no se ha destruido se debe a tu luz, tus meditaciones, tus oraciones y buenos sentimientos, que impiden su destrucción. Somos fuertes muros que impiden que la inundación destruya la ciudad. Puedes encontrar afirmaciones escritas aquí y allí, por distintos autores, sobre la buena voluntad, un solo mundo, un lenguaje universal, rectas relaciones humanas, derechos humanos, libertad y otros similares, pero estas personas a menudo hablan de esto mientras realmente actúan en contra de ello. No necesitas hablar sobre estos principios; simplemente actúa sobre ellos y demuéstralos. Tu luz es tu acción.

Las personas son gradualmente influidas por el pensamiento de los soñadores y visionarios del mundo. Cada vez que rezas, envías radiación a muchos kilómetros de distancia que los ángeles o devas perciben. Ellos dicen: «Gracias a Dios, hay todavía unas pocas luces. Incrementémoslas». No abandones o sientas desesperanza. Vamos a inundar el mundo con luz.

La oscuridad es una conciencia que trabaja contra las leyes del amor, la unidad, la síntesis, la perfección y la compasión. Una conciencia que trabaja contra estas cosas es oscuridad. Vamos a luchar contra la fealdad, la injusticia, el crimen, el separatismo, el odio y la traición. Podemos hacer esto por alguno de los siguientes medios:

Primero, sé un ejemplo. Puedes incrementar tu luz siendo un ejemplo para los demás. Al hacer esto, también incrementas su luz. Esto no es filosofía o psicología de alto nivel, sofisticada, sino simple lógica y sentido común. Es prístina sabiduría.

Sé un ejemplo de belleza en tu ropa, en tus relaciones interpersonales, en tu manera de caminar, en tu pensamiento y sentimientos. Demuestra que eres hermoso e incrementarás la luz de los demás.

Sé un ejemplo de comprensión. Esto significa saber cuál es tu influencia sobre los demás y qué reacciones o respuestas estás creando. Es muy sutil. Pregúntate por qué ese hombre, esa mujer o ese niño actuaron de la forma que lo hicieron, por qué respondieron o reaccionaron de esa manera. A veces, «comprensión» significa para nosotros criticar a los demás, pero la auténtica comprensión es saber por qué estás influyendo a las personas de determinada manera.

Sé un ejemplo de tolerancia y servicio. Muestra que eres un servidor e incrementaras la luz de los demás.

Segundo, enseña a otros sobre tus experiencias de iluminación. Cuéntales, por ejemplo, cómo cambiaste mental y espiritualmente. Cuéntales cómo ha cambiado la calidad de tus relaciones interpersonales, cómo sientes algo más profundo dentro de ti. Enseña a los demás. Ellos recibirán coraje de tu parte y dirán: «Sabes, también estoy sintiendo cambios como esos». Si se sientan juntos y tienen estas conversaciones, es como dos o más ramas confluyendo e incrementando el fuego. La luz aumenta cuando hablan acerca de estas cosas, sin presumir ni vanagloriarse. Tus conversaciones deben ser simples, reales y sinceras. Simplemente habla acerca de tus propias experiencias de iluminación.

La próxima vez que estés con amigos en un restaurante, empieza un diálogo. Por ejemplo, di: «Saben, aquella conferencia abrió unas cuantas puertas dentro de mí. ¿Sintieron lo mismo?» Alguien más puede responder: «Sí, ocurrió así», y así sucesivamente. Cuando esto sucede, estás «masticando» las conferencias e ideas. Estás digiriéndolas y creando una piscina magnética que atraerá una luz mayor hacia ella. Es importante hablar de tus experiencias de iluminación.

Tercero, enseña en una escala gradual cómo puede llegar la iluminación a una persona. Cuando empiezas a enseñar y guiar a las personas sobre cómo estar iluminado, incrementas tu propia luz. No pierdas ninguna oportunidad para ser un ejemplo de lógica, razonamiento y belleza. Pero al mismo tiempo, no obligues a las personas ni les des sermones. No presumas de tu luz; simplemente deja que vean tu luz, tu belleza. Cuando ellos te pregunten, diles cómo pueden iluminarse y qué pasos pueden dar.

Algunas personas dudan de hacer esto, aun cuando tienen mucha luz. No se atreven a hablar de estas cosas; son tímidos. La oscuridad está incrementándose; ¿por qué dudamos? Debemos incrementar nuestra luz y la luz de los demás.

Si hace treinta años yo hubiese dicho: «No quiero hablar de lo que sé», no habríamos contactado con toda la gente que conocemos.

Puedes invertir al menos diez o quince minutos al día enseñando a las personas, de acuerdo con tus capacidades, nivel de conciencia y condiciones. Crea una atmósfera de enseñanza e ilumina a los demás a través de la divulgación de los libros de la Enseñanza. Da libros a los amigos, bibliotecas o escuelas.

Cristo dijo: «Los hijos de la oscuridad son más inteligentes que los hijos de la luz». Las fuerzas oscuras hacen muchas cosas para difundir la oscuridad. Por ejemplo, en las noticias escuché a un hombre decir: «Es imposible terminar con el tráfico de drogas». Él estaba realmente diciendo que los traficantes son más astutos que nuestros hombres de Estado, filósofos, policías y ejércitos. Mira cuán inteligentes son estos delincuentes. ¿Por qué no somos tan astutos o más inteligentes en la manera en que incrementemos la luz?

Sentarse como patatas y aprender estas cosas no ayuda. La oscuridad está aumentando y va a atraparte. Debes prevenir el crimen, la contaminación, el separatismo, el odio y la malicia. Debes aumentar la luz. ¿Quién más va a hacerlo si no lo haces tú?

Alguien escribió desde Canadá y dijo: «leí el libro *El Reto del Discipulado*[14]. Es fantástico, pero tengo una pregunta: ¿No tuviste miedo de escribirlo?». ¿Ves lo que las personas

14. Torkom Saraydarian, titulo original en inglés: *Challenge For Discipleship* (Sedona, AZ: Grupo Educativo Acuariano, 1986).

están pensando? Tienen tanto miedo que no quieren decir nada al mundo.

La luz aumentará solo si tomamos riesgos, a través de la determinación de ser audaces y hacer buenas cosas. Debes ser valiente porque no estás haciendo nada malo por el Bien Común. A medida que la Enseñanza de la Luz aumenta, todo el mundo es ayudado. Incluso ayudas a criminales a que vean lo que están haciendo. Si no aumentas la luz, se incrementará la oscuridad y seremos los perdedores por no haber trabajado.

Si no educas a las personas, sufrirás, porque ellos harán muchos tipos de cosas necias. Si estás viviendo entre personas ignorantes, ilumínalas para que tú estés a salvo.

Cuarto, escribe pequeños artículos sobre la Enseñanza, apropiados para la audiencia a la que estén destinados. Toma un libro, por ejemplo, *El Discipulado en la Nueva Era*[15], o *La Leyenda de Shamballa*[16], o *La Doctrina Secreta*, y escribe un bello artículo, hazlo imprimir y distribuir. Si cincuenta personas escriben artículos, cinco millones de personas los leerán. ¿Ves cómo esto incrementa la luz? Pero decimos: «No puedo hacerlo». ¿Por qué no? A tu nivel, puedes escribir; a tu nivel, puedes hablar; a tu nivel, puedes reunir a diez personas y hablar con ellas. Puedes hacer brillar tu luz a tu propio nivel.

Hay otro espejismo en el mundo occidental que es muy difícil de penetrar. Los adolescentes piensan que, si hablan de ideas «superiores», no serán aceptados por sus compañeros. En Asia, sin embargo, la gente joven habla de los

15. Alice A Bailey, título original en inglés: *Discipleship in the New Age* (New York: Editorial Lucis, dos volúmenes, 1944).
16. Torkom Saraydarian, titulo original en inglés: *The Legend of Shamballa* (Sedona, AZ: Grupo Educativo Acuariano, edición revisada, 1988).

Upanishads, del *Bhagavad Gita*, *La Doctrina Secreta* y sienten tal regocijo haciendo esto que se vuelven transmisores de la luz.

Una fiesta de adolescentes en los Estados Unidos consiste básicamente en comer y beber, contar chistes y hacer el tonto. Nuestra juventud necesita hablar sobre otras cosas, por ejemplo, de política. Necesitan saber qué está ocurriendo en nuestra nación, en el mundo.

¿Cuánta responsabilidad tenemos en estas cosas? Si no educamos a nuestra juventud, otras fuerzas tomarán ventaja y seremos sus esclavos. Nuestro poder nacional aumenta cuando nuestra luz nacional se incrementa. **Una nación se convierte en una luz para la humanidad si todas las partes de esa nación trabajan para incrementar la luz en cada uno.**

Quinto, si tienes contactos o conexiones con alguna estación de radio, ve allí y pasa unos minutos. Por ejemplo, en 1972, una joven llamó a una emisora de radio durante un programa de tertulias («talk show») y preguntó si habían leído *La Leyenda de Shamballa*. «¿De qué trata?», preguntó el presentador de la tertulia. Ella dijo: «Hay un hombre que escribió acerca de Shamballa, es una obra maestra. Llevan tres horas hablando de tonterías, pero si leen una página de este libro será suficiente». El hombre de la radio nos escribió para solicitarnos una copia del libro y leyó la mitad de ella en el aire a una audiencia de tres millones de personas. Las acciones de una joven desembocaron en esto. Puedes hacer mejores cosas. Sé de una mujer que compró cincuenta copias de *Hiawatha y la Gran Paz*[17], y las envió a muchas personas influyentes. Qué hermoso sería si enviáses copias de grandes libros a nuestros líderes.

17. Torkom Saraydarian, título original en inglés: *Hiawatha and the Great Peace* (Sedona, AZ: Grupo Educativo Acuariano, 1984).

Incrementa la luz para que la oscuridad no te ataque. Hay una batalla entre la oscuridad y la luz. La oscuridad vencerá si no incrementamos nuestra luz. El crimen organizado, las drogas y la locura están en alza. Debemos aumentar nuestra potencia de luz para permanecer sanos y seguros.

Sexto, mantén correspondencia con amigos. Algunas personas me escriben para contar que han escrito sobre mis libros o sobre la Enseñanza, a otros. En 1969, un hombre de setenta y cinco años, que vivía en una antigua casa, me escribió diciendo que quería morir. «Estoy aquí en este lugar. Nadie sonríe. Es una tumba viviente». Le envié *La Ciencia de la Meditación*[18], *La Ciencia de Convertirte en Ti Mismo*[19], y *Cosmos en el Hombre*[20] y le dije que, de ahora en adelante, él debía escribir cartas a todos sus amigos sobre las ideas vertidas en estos libros. «Escribe cosas muy divertidas y buenas, luego ve lo que sucede», le aconsejé. Meses más tarde, él me llamó para contarme que necesitaba veinte copias de cada libro. Le pregunté: «¿Qué vas a hacer con ellas?». «Voy a venderlas», dijo. Él vendió muchos libros a personas en la residencia de ancianos y a los amigos con los que mantenía correspondencia. ¡En conjunto, terminó pidiendo alrededor de cuatrocientos libros!

Si tienes tiempo, sigue su ejemplo. Pero al menos una vez al mes dedica como mínimo dos horas para difundir la

---

18. Torkom Saraydarian, titulo original en inglés: *The Science of Meditation* (Sedona, AZ: Grupo Educativo Acuariano, Tercera Edición, 1981).
19. Torkom Saraydarian, titulo original en inglés: *The Science of Becoming* Oneself (Sedona, AZ: Grupo Educativo Acuariano, Tercera Edición, 1982).
20. Torkom Saraydarian, titulo original en inglés: *Cosmos in Man* (Sedona, AZ: Grupo Educativo Acuariano, Segunda Edición, 1983).

Enseñanza. No es algo milagroso que esté más allá de tus capacidades. ¡Puedes hacerlo!

Séptimo, enseña la Enseñanza en tu casa, en tu iglesia, en los salones de tu comunidad. Da charlas. Puedes también decir a tu familia –esposa, hijos, abuelos: «Sentémonos todos juntos y dejenme que les lea este libro». Mira qué ocurrirá en tu casa. La mayoría de nuestros hogares están «secos»; allí no hay alegría ni inspiración. En su lugar, hay preocupación, odio, malicia, calumnia y lágrimas. Puedes terminar con esta situación trayendo más luz a tu hogar transmitiendo la Enseñanza en tu hogar. **La Enseñanza es luz.**

Octavo, observa las lunas llenas con tus amigos. Por ejemplo, estudia *Sinfonía del Zodíaco*[21]. Quizás no puedas ir a un encuentro de luna llena porque tu coche se haya averiado o porque tus amigos vienen a visitarte. Estas cosas ocurren; es humano. Pero no importa lo que ocurra, donde estés –en casa de un vecino, en tu oficina, en un hotel o donde sea– reúne a tres o cuatros personas y di: «La luna llena es hoy. Vengan a mi habitación y haremos una meditación especial».

En 1980 di una charla en Washington, D.C., donde varios cientos de personas asistieron. Al final de la conferencia, dije: «La luna llena será hoy a las 3:10 a.m.». Alguien preguntó: «¿Podemos hacer una meditación a esa hora?». «De acuerdo», dije, «si quieren, vengan al vestíbulo del hotel donde me hospedo, estaré allí». Solicité al recepcionista que me despertase a las 2:45 a.m. Cuando fui al vestíbulo, para mi sorpresa había casi doscientas cincuenta personas allí, esperándome. tuvimos una maravillosa meditación;

21. Torkom Saraydarian, titulo original en inglés: *Symphony of the Zodiac* (Sedona, AZ: Grupo Educativo Acuariano, Segunda Edición, 1988).

todos tenían lágrimas en los ojos. Dormimos muy agradablemente el resto de la noche. Esto ocurrió porque simplemente una o dos personas se atrevieron a reunir a los demás y traerlos para hacer una meditación. Tú también puedes hacer esto.

Alienta encuentros espirituales. Dondequiera que algo equilibrado y lógico esté teniendo lugar para la búsqueda espiritual y para la mejora del espíritu humano y la mentalidad, estate allí.

Es muy malo no cumplir con tu responsabilidad de luchar contra la oscuridad. Las lunas llenas son momentos en los que luchas contra la oscuridad. No pierdas esta oportunidad, dondequiera que estés. Principalmente, alienta encuentros grupales. Cuando hay más gente, hay más luz, más energía y entusiasmo. Alienta estos grupos con tu presencia, tus donaciones; con tu amor y con tu compasión y belleza.

Noveno, financieramente ayuda a aquellos grupos que están trabajando para la luz. Los antiguos decían que el diez por ciento del total de ganancias que recibas deben ser donadas. Muchas iglesias se han convertido en muy importantes e influyentes porque sus miembros dan sistemáticamente un diez por ciento de sus salarios en concepto de diezmo. Comprométete en la disciplina de dar para que recibas.

Muchas personas todavía no se han dado cuenta del significado de esta ley. Las personas creen que recaudar dinero les hará ricas. Esta es una noción equivocada. Debes reunir y compartir. De esta forma circulan las corrientes divinas. Debes recibir y dar de alguna forma para que circule y te traiga dinero fresco –energía fresca.

Décimo, reza por aquellos líderes en el mundo que luchan por la luz. Cada noche, reza por aquellos líderes que estén propagando la luz. De esta manera, los apoyas, los escudas y los proteges. Solicita más luz para ellos, para que puedan hacer su trabajo.

Si sigues estos pasos, incrementarás no solamente tu propia luz, sino también la luz de los demás. Cuando aumenta la luz, estás más seguro, más sano; eres más intuitivo y tienes más compasión y poder.

Experimentas de acuerdo con lo que eres. Si eres un Maestro, un haz de luz es un volumen de sabiduría, ciencia y descubrimiento. Las leyes secretas de la Naturaleza vienen a ti a través de estos haces. En cada haz, hay una Ley Cósmica formulada. En cada átomo de luz hay una fórmula de gran descubrimiento, pero no podemos todavía percibirlas. A medida que crecemos, percibimos más y más. El traductor dentro de nosotros se hace más inteligente y complejo. Traduce la luz a formas prácticas y entonces nos muestra cómo deberíamos vivir en esta vida.

Recibes y das solamente de acuerdo a lo que eres. La luz que das difiere de acuerdo a lo que eres; ocurre lo mismo con la luz que recibes. Tu luz difiere de acuerdo a lo que eres, y la luz que recibes difiere de acuerdo a lo que eres.

A menudo, me preguntan cómo uno puede dirigir a sus amigos y familia hacia la luz sin «apagarlos».

Mi respuesta a eso es empezar siendo un ejemplo. Una vez fui el director de una escuela con cientos de estudiantes. El presidente del Consejo de Fideicomisarios era una persona muy hermosa y notable. A menudo me preguntaba qué estaba recibiendo este hombre y de dónde, para ser tan hermoso. Él era un hombre inusual, noble, sincero, intelectual y diplomático. A causa de su ejemplo, me hice su amigo. Un día, él me dijo: «Te voy a llevar a una reunión». Asentí y fui con él a una reunión de alto nivel que fue tan maravillosa que pensé: «Quiero permanecer aquí siempre».

Mi amigo no me enseñó con sermones y conferencias, sino a través de su ejemplo. Primero, le amaba debido a su belleza, sus relaciones con los demás, su sinceridad, su lógica y su razonamiento. Las personas deben admirarte primero. Luego puedes enseñarles. Pero a veces, quizás el setenta o el ochenta por ciento de tus amigos simplemente estén esperando una «chispa». Dásela a ellos, pero no exageres sosteniendo libros en las calles y diciendo: «¡Arrepiéntete y nace de nuevo!» Las personas pueden arrepentirse y «nacer de nuevo», pero al siguiente instante, hacen las cosas más detestables y «mueren». Si «naces de nuevo», debes intentar vivir continuamente en esa luz y «dejar que tu luz irradie». Creo que uno puede «nacer de nuevo», pero es importante no «morir» al siguiente minuto.

Leemos en el *Nuevo Testamento* que Cristo tomó a dos de sus discípulos y fueron a la montaña. Allí Él se transfiguró ante ellos. El Sol dentro de Él contactó con el Gran Sol y la luz refulgió a través de Él. Estamos esperando hacer esto nosotros mismos. A medida que incrementamos nuestra luz, disminuimos la oscuridad del mundo –oscuridad moral, física, emocional, mental y espiritual.

En el mundo de hoy en día, todavía estamos usando la psicología del odio, separatismo y destrucción. Día y noche, las fábricas por todo el mundo están produciendo venenos químicos, munición y otras armas. Esto es oscuridad. ¿Cuánto tiempo permitiremos que esto continúe?

Estamos convirtiéndonos en una humanidad madura. Al menos tenemos diecinueve años ahora. Tan solo estamos abandonando nuestra adolescencia.

Actúa, vive, camina y relaciónate, teniendo la fe y la confianza en ti mismo de que tú eres luz, una luz condensada. Cuando introduces esto en tu mente y lo digieres, eventualmente llegarás a darte cuenta de que todo lo que se relaciona con la oscuridad dentro de ti se evaporará y tu luz brillará más y más.

GLOSARIO

Sabiduría Eterna: La suma total de las Enseñanzas dadas por los grandes Instructores Espirituales a lo largo del tiempo. También conocida como la Sabiduría Antigua, La Enseñanza, Enseñanza Antigua.

Angélico, Reino: Se refiere a seres que siguen una línea diferente de evolución que la familia humana.

Arhat: Antiguo término que designa a los Iniciados de cuarto grado.

Ario: Se refiere al período actual del desarrollo de la raza humana. La Sabiduría Eterna divide el desarrollo humano en siete secciones, llamadas Razas Raíz. Desde los tiempos antiguos hasta el presente, se llaman: Raza Polar; Raza Hiperbórea; Raza Lemur; Raza Atlante; Raza Aria; Sexta Raza Raíz; Séptima Raza Raíz. Estos dos últimos son los futuros estados de desarrollo humano (Para más información, ver *Psyche and Psychism*, por Torkom Saraydarian).

Ashram: Palabra sánscrita, se refiere a la reunión de discípulos y aspirantes que el Maestro recoge para la instrucción. Hay siete Ashrams principales, cada uno de ellos correspondiente a uno de los Rayos, formando cada uno de los grupos o focos de energía.

Atlántida: (Época atlante) El continente que se sumergió en el océano Atlántico, según la instrucción de la enseñanza oculta y según Platón. La Atlántida fue el hogar de la Cuarta Raza Raíz, llamada ahora los Atlantes.

Centros: Ver Chakras y Centros Etéricos.

Chakra: Vórtice energético que se encuentra en cada vehículo y que se relaciona con una parte particular del cuerpo humano. Hay siete chakras primarios que empiezan desde la parte superior de la cabeza: (1) corona, (2) entrecejo, (3) garganta (4) corazón (5) ombligo, (6) órganos generativos, (7) base de la columna vertebral.

Cáliz: Ver Loto.

Cáliz Solar: El depósito de experiencias que el Logos Solar acumula durante Su encarnación en un período de miles de millones de años.

Núcleo: La esencia o chispa de Dios dentro de cada ser; la Mónada.

Mal Cósmico: Fuente extra-planetaria de maldad, a diferencia de las fuerzas que causan la evolución en la Naturaleza. La fuente del mal y la degeneración. Esa fuente vibracional que busca mantener su propia existencia desafiando al gran Plan de Evolución.

Imán Cósmico: El centro invisible del universo.

Plano Físico Cósmico: Se refiere a la totalidad de los siete subplanos de manifestación, del más elevado al más bajo: Divino, Monádico, Átmico, Intuicional o Búddhico, Mental, Emocional o Astral y Físico. Cada uno con siete subdivisiones, con un total de 49 planos de manifestación.

Fuerzas oscuras: Los agentes conscientes del mal o del materialismo que operan a través de los elementos de desunión, odio y separatividad.

Cuerpo etérico: La contraparte del cuerpo físico denso, que lo penetra y sostiene. Formado por la materia de los cuatro subplanos etéricos. El modelo en el que se basa el cuerpo físico.

Centros etéricos: Vórtices de energía que consisten de las sustancias más finas del plano físico. Estos Centros transmiten la energía vital al organismo físico y son a menudo llamados **chakras**, su nombre en sánscrito.

Espejismo: Cuando una persona desea algo intensamente, la forma astral del deseo se llama espejismo. Estas formas flotan en el aura de una persona y se conectan con ciertos centros astrales y etéricos, y ejercen gran poder sobre las acciones, emociones, pensamientos y relaciones de una persona. Por ejemplo, a una persona así no le gusta escuchar nada en contra de sus deseos.

Los Grandes: Seres que han tomado la quinta Iniciación o superiores.

Alma grupal: Cuando un grupo de seres une su conciencia en niveles superiores, se forma una conciencia o Alma grupal.

Jerarquía: La Jerarquía espiritual, cuyos miembros han triunfado sobre la materia y tienen el control completo de la personalidad, o yo inferior. Sus miembros son conocidos como Maestros de Sabiduría, Quienes son los custodios del Plan para la humanidad y para todos los reinos que evolucionan dentro de la esfera de la Tierra.

Reinos Superiores: Ver «Mundos Superiores».

Yo Superior: Se refiere al Ángel Solar. Ver también «Yo».

Esferas Superiores: Ver «Mundos Superiores».

Mundos Superiores: Aquellos planos de existencia que son de una vibración más fina de materia que el plano físico. Generalmente se refiere al plano mental superior y superiores.

Ilusiones: Formadas cuando una persona tiene contacto mental con inspiraciones, ideas, visiones, revelaciones, pero, debido a su inadecuada preparación mental, egocentrismo, egoísmo y pensamiento cristalizado, es incapaz de traducir las energías entrantes en su forma correcta. La ilusión resultante es una traducción errónea de algo fáctico. Las ilusiones contienen datos distorsionados.

Alma inmortal: La Chispa o la verdadera esencia del hombre. También llamada la Esencia Monádica. Es la fuente de donde venimos y a donde volvemos en nuestro proceso evolutivo.

Núcleo interno: Ver «Núcleo».

Guía Interno: Ver «Alma».

Presencia interior: El Ángel Solar. Ver «Alma».

Iniciación: El resultado del progreso firme de una persona hacia las metas de la vida, alcanzado a través del servicio y el sacrificio, y manifestado como la expansión de la propia conciencia. Representa un punto de logro marcado por un nivel de iluminación y de consciencia[22]. Hay un total de nueve Iniciaciones que el alma humana en desarrollo debe experimentar para llegar al Corazón Cósmico.

Iniciación, Cuarta: Conocida como la Iniciación de la Renunciación. Aquellos que se convierten en Iniciados de Cuarto Grado son conocidos como Arhats. En esta Iniciación, el Ángel Solar abandona el alma humana, ya que todos los obstáculos en la naturaleza de ésta última han sido superados y el alma humana está libre de ilusión, espejismo y maya.

Karma, Ley de: La Ley de Causa y Efecto, atracción y repulsión. «Tal como siembres, así cosecharás».

Época lemur: Un término moderno utilizado por primera vez por los naturalistas y ahora adoptado por los Teósofos para indicar una época que se refiere al período del continente Lemuria, que precedió a la Atlántida. La Tercera Raza Raíz.

Logos Cósmico: El núcleo central de todo el Cosmos. La suma total de todos los centros del Cosmos. La energía

22. N. del T.: del vocablo inglés *awareness*.

de la Luz, el Amor y el Poder. Cada Logos Cósmico es una vida que contiene siete Logos Solares.

Logos Solar: El Núcleo de todo el Sistema Solar y todo lo que existe en el Sistema Solar. Su propósito es integrar, correlacionar y sincronizar todos los centros usando Su Luz, Su Amor y Su Poder –como una energía eléctrica– para circular dentro de cada átomo y hacia todos los centros, revelando así el Propósito de la existencia y retando a todas las formas a que se esfuercen por alcanzar la más alta forma de cooperación.

Logos Planetario: El Alma del planeta. El planeta es usado como Su cuerpo físico denso para proporcionar sustento a todas las formas de vida. También se le llama el «Gran Sacrificio».

Loto: También conocido como el Cáliz. Se halla en los planos mentales segundo y tercero (desde arriba). Formado por doce diferentes pétalos de energía: tres pétalos de amor, tres pétalos de conocimiento, tres pétalos de sacrificio. Los tres pétalos más recónditos permanecen plegados durante eras y son la fuente dinámica de esos pétalos externos. El Loto contiene la esencia de todos los logros de una persona, su verdadero conocimiento y servicio. Es el lugar donde mora el Ángel Solar.

Yo inferior: Los vehículos de la personalidad del alma humana. Ver también el «yo».

Plano mental: Hay siete planos a través de los cuales un ser humano viaja y que conforman la conciencia humana. Desde el nivel más bajo hacia arriba, ellos se llaman Físico, Emocional, Mental, Intuicional (o Búddhico), Átmico, Monádico, Divino. El mismo Plano Mental está dividido en siete niveles. Los tres primeros desde abajo son los números siete, seis y cinco, los cuales forman el Plano Mental Inferior. El número cuatro es la mente media o eslabón. Los números tres, dos y uno forman el Plano Mental Superior.

Ejército Negativo: Llamado así porque engloba todas las carácterísticas negativas que existen. Estas carácterísticas llevan consigo un sinfín de entidades que atacan a la persona que actúa a través de estas carácterísticas. Causan confusión, fracaso e incapacidad en la persona para progresar. Estas carácterísticas son 14: odio, miedo, ira, celos, venganza, traición, malicia, calumnia, avaricia, justicia por propia mano, ingratitud, engaño, chismes, perpetración (concreción) de imágenes de fracaso.

Nirvana: El plano de conciencia conocido como el Plano Átmico.

Ser Uno: El Alma de Vida universal que impregna toda la existencia.

Personalidad: Totalidad de los cuerpos físico, emocional y mental en el hombre.

Pétalos: Ver Loto.

Plan: El plan para este planeta tal como fue formulado por el Logos Planetario para todos los reinos que evolucionan dentro de Su esfera de existencia.

Energía Psíquica: «La Energía Psíquica es el flujo de energía que proviene de tu Centro más recóndito, de tu Núcleo creativo, electrificando y cargando todos tus vehículos con la energía de la vida, el amor y la luz. Es la energía que trae a tus vehículos la armonía, la bienaventuranza y la gravedad del Ser Interior. Cuando la energía psíquica circula libremente en los vehículos de la personalidad, armoniza al hombre con el ritmo de la Vida Cósmica» (De *La Llama de la Belleza, la Cultura, el Amor, la Alegría*, pág. 30, por Torkom Saraydarian).

Propósito: la razón detrás de las acciones que se llevan a cabo debido a la conciencia del Plan.

yo: el yo con «y» minúscula es la suma de los cuerpos físico, emocional y mental del hombre. Comúnmente llamado el «yo inferior» o personalidad.

Yo: el yo con «y» mayúscula es el término usado para referirse al Núcleo del Ser Humano. El verdadero Yo es llamado el alma humana en desarrollo, en despliegue, que está tratando de liberarse, volver a su padre y convertirse en su verdadero Yo.

Siete Campos del Quehacer Humano: La expresión de los Siete Rayos en la evolución humana, cada uno de los cuales corresponde a un rayo específico. Son: Política, Educación y Psicología, Filosofía, Artes, Ciencias, Religión, Economía y Finanzas, de uno a siete respectivamente.

Siete Rayos: Son los siete Rayos primarios a través de los cuales todo existe. Son energía pura que vibra a una frecuencia específica y se condensa de plano a plano, de manifestación a manifestación. Los tres rayos primarios o Rayos de Aspecto son: El Primer Rayo de Poder, Voluntad y Propósito; el Segundo Rayo de Amor-Sabiduría; el Tercer Rayo de la Inteligencia Activa y Creadora. Hay cuatro Rayos de Atributo: El Cuarto Rayo de Armonía a través del Conflicto; el Quinto Rayo de la Ciencia Concreta o el Conocimiento; el Sexto Rayo del Idealismo o Devoción; el Séptimo Rayo de Síntesis u Orden Ceremonial. Estos Rayos indican cualidades que pertenecen a los siete campos del quehacer o expresión humanos.

Shamballa: Conocida como la Isla Blanca, existe en materia etérica y está en el desierto de Gobi. Shamballa es el lugar de residencia del Señor del Mundo, Sanat Kumara, y es el lugar donde «la Voluntad de Dios es conocida». (Ver también La Torre.)

Ángel Solar: También conocido como el Yo Transpersonal, o el Alma. Su vehículo de menor expresión es el átomo permanente mental. Comúnmente llamado la «Voz de la Conciencia», es la luz-guía hacia la cual el alma humana está viajando consciente o inconscientemente. El Ángel Solar es un miembro de la Jerarquía.

alma: Con «a» minúscula es la psique humana, la Chispa. El viajero por el sendero de la evolución que tiene tres poderes: fuerza de voluntad, atracción e inteligencia para guiar su desarrollo.

Alma: También conocida como el Ángel Solar.

Consciencia del Alma: Conciencia consciente del Ángel Solar o Guía Interior.

Tríada Espiritual: Los siete planos del hombre desde el inferior al más elevado. Son: Físico, Emocional, Mental, Intuicional (Búddhico), Átmico, Monádico y Divino. Es un campo magnético construido por las energías del átomo permanente Mental; átomo permanente Búddhico; y átomo permanente Átmico. Luego de la Cuarta Iniciación, el alma humana funciona en la Tríada Espiritual. En esa etapa, se le llama alma humana Triunfante.

Mundo Sutil: Se refiere al plano astral o emocional.

Enseñanza, La: Ver «Sabiduría Eterna».

Triple personalidad (3 vehículos del Hombre): Las fuerzas combinadas y los vehículos en los que el alma humana en evolución se expresa y adquiere experiencia durante encarnación. Estos vehículos son el cuerpo físico, el cuerpo emocional o astral, y el cuerpo mental.

Torre, La: El centro del Consejo Planetario o donde la voluntad de Dios es conocida o Shamballa.

Yo Transpersonal: El Ángel Solar, el Guía Interno.

Casa del Tesoro: Término simbólico para el Cáliz. También llamado la Tesorería.

Upanishads: Tratados místicos que forman los *Vedas*, se dice que datan aproximadamente del siglo VI a.C. Se dice que los *Upanishads* son la fuente de los seis sistemas de la filosofía hinduista.

Vanidades: Las vanidades son ilusiones basadas en el orgullo egoísta de la personalidad. En esencia, la vanidad está vistiendo una opinión de nosotros mismos con una percepción distorsionada de los hechos. Es un estado del ser en el que pensamos que somos algo que no somos; que sabemos algo que no sabemos; que tenemos algo que no tenemos; que podemos hacer algo que somos incapaces de hacer. Existe en materia mental en el aura y es alimentada por y a través de la personalidad.

Vedas: Consiste en cuatro colecciones de escritos. El *Rig-Veda*, el *Sama Veda*, el *Yajur-Veda*, y el *Athar-Vaveda*. Los **Vedas** son la «Revelación Divina» de las escrituras de los hindúes, de la raíz viv, «conocer», o «divino conocimiento».

SOBRE LA FUNDACIÓN

T.S.G. Publishing Foundation, Inc. es una organización no gravable sin fines de lucro. Fundada el 30 de noviembre de 1987 en Los Angeles, California, se trasladó a Cave Creek, Arizona, el 1o. de enero de 1994.

Nuestro propósito es el de ser un sendero para la autotransformación. Estamos completamente dedicados a la publicación, enseñanza, distribución y archivo de los trabajos creativos de Torkom Saraydarian.

Nuestra oficina y tienda en línea ofrecen una colección completa de los trabajos creativos de Torkom Saraydarian para la venta y distribución.

Nuestro boletín Outreach contiene artículos que fomentan el pensamiento y está disponible tanto en material impreso como en nuestra página web con notificaciones electrónicas gratuitas.

Free Wisdom es un servicio en línea para mantenerle actualizado sobre eventos, materiales interesantes y lecturas inspiradoras.

También conducimos clases, seminarios especiales de entrenamiento, Conferencias Anuales en los Estados Unidos e internacionalmente, y cursos de meditación para el estudio desde el hogar.

Contáctenos o visítenos en línea para detalles sobre nuestras actividades y eventos actuales y venideros.

Página web: *www.TSGFoundation.org*

CONTINUANDO CON EL LEGADO

Torkom Saraydarian dedicó su vida entera a servir a los demás en el crecimiento espiritual. Al momento de su muerte física en 1997, muchos libros habían sido ya publicados y más de 100 manuscritos estaban a la espera de su publicación.

Torkom Saraydarian tenía la sabiduría y habilidad únicas para escribir todos estos libros magníficos y componer cientos de composiciones musicales en el lapso de una sola vida. La publicación y archivo de sus trabajos creativos tomará también una vida completa de esfuerzo cooperativo de nuestra parte. Necesitamos sus contribuciones y respaldo continuo, pues juntos podemos hacer que su sueño sea una realidad, y podemos hacer que su legado fructifique.

Un fondo especial, el *Fondo de Publicación de Libros de Torkom Saraydarian*, ha sido creado para la publicación de sus libros. Adicionalmente, un *Fondo de Donaciones* ha sido establecido para la perpetuación de todos sus trabajos creativos.

Contáctenos para más detalles y actualizaciones concernientes a los programas de publicación y archivo.

Usted puede contribuir con fondos para un libro entero, o dar cualquier cantidad que desee sobre una base continua, o como una contribución única.

Muchas gracias por su respaldo amoroso y continuo.

TSG Publishing Foundation, Inc.

LA UNIVERSIDAD TORKOM SARAYDARIAN

Torkom Saraydarian soñó con un centro de entrenamiento, usualmente llamándolo la Universidad, donde hombres y mujeres pudieran ser entrenados en la teoría y aplicación de los Principios y Valores Superiores de la Sabiduría Eterna. Llamó a tal educación superior «Educación Acuariana» y motivó continuamente a sus estudiantes a formar tal institución en el futuro.

> Hay una creciente necesidad de liderazgo en el área del conocimiento esotérico. Más y más gente se está desilusionando de las enseñanzas que reciben de oportunistas, de gente que tiene buenas intenciones pero están llenos de espejismos y vanidades, o de gente que quiere usar la Enseñanza como un negocio para recolectar dinero.
>
> Un gran daño se hace las personas que se aproximan a la Enseñanza con sinceridad en su corazón y son atrapados por grupos, instituciones u organizaciones que son sólo para actividades sociales o que funcionan como trampas de explotación. Algunos de estos buscadores gradualmente se olvidan de su búsqueda y se adaptan al entorno. Algunos de ellos suprimen totalmente su aspiración y esfuerzo espiritual debido a su desilusión. Sólo un pequeño porcentaje, a través de la discriminación, continúa su búsqueda para encontrar el campo adecuado donde puedan crecer y servir.
>
> El número de verdaderos buscadores está incrementándose. Debemos prepararnos para satisfacer sus necesidades y al mismo tiempo, resguardarnos de los peligros de caer en las vanidades, los espejismos, o en la utilización de los buscadores para nuestros propios intereses.

Torkom Saraydarian, Leadership I, p. 16

Nuestros primeros cursos de entrenamiento fueron lanzados en setiembre 2000. Tenemos clases presenciales así como por correspondencia. Para información sobre las clases y el registro en línea, visite nuestra página web o escríbanos.

https://www.tsgfoundation.org/tsg-university-information.html

INFORMACIÓN PARA PEDIDOS

Los trabajos completos de Torkom Saraydarian:

- Libros.
- Folletos.
- Música.
- Conferencias en audio y vídeo.
- Cursos de Meditación y estudio.
- Boletines gratuitos por correo electrónico.
- Visita nuestra sección de libros electrónicos en nuestra página web para ver las últimas actualizaciones.
- Catálogos completos disponibles en línea:
  www.tsgfoundation.org

Por favor, contáctenos para información adicional:

TSG Publishing Foundation, Inc.
P.O. Box 7068
Cave Creek, AZ 85327-7068
United States of America
Tel: (480) 502-1909
Fax: (480) 502-0713
E-mail: *info@tsgfoundation.org*
espanol@tsgfoundation.org
Website: *www.tsgfoundation.org*

Para información sobre pedidos en español:

Editorial Dagón:
Website: *www.editorialdagon.es*
E-mail: *jrubio@editorialdagon.es*

Grupo Estudios Teosóficos Valencia, España:
Website: *http://fraternidad.info/g.e.t.html*
E-mail: *jrubio@editorialdagon.es*
Facebook: *Torkom Saraydarian en español*

EDITORIAL
DAGÓN